Colmar Grünhagen

Breslau unter den Piasten als deutsches Gemeinwesen

Colmar Grünhagen

Breslau unter den Piasten als deutsches Gemeinwesen

ISBN/EAN: 9783744604789

Hergestellt in Europa, USA, Kanada, Australien, Japan

Cover: Foto ©ninafisch / pixelio.de

Weitere Bücher finden Sie auf **www.hansebooks.com**

BRESLAU UNTER DEN PIASTEN

ALS

DEUTSCHES GEMEINWESEN

VON

DR. COLMAR GRÜNHAGEN,
PRIVATDOCENT AN DER UNIVERSITAET UND COLLEGE AM KOENIGL. FRIEDRICHS-GYMNASIUM.

DER KÖNIGL. UNIVERSITÄT ZU BRESLAU

BEI DER

FEIER IHRES FÜNFZIGJÄHRIGEN BESTEHENS

ÜBERREICHT

VON DEM

VEREIN FÜR GESCHICHTE UND ALTERTHUM SCHLESIENS.

BRESLAU,
JOSEF MAX & KOMP.
1861.

Rector Magnifice!

Hochlöblicher Senat!

Bei der Feier des fünfzigjährigen Bestehens der Universität zu Breslau ziemt es am wenigsten dem Verein für Geschichte und Alterthum Schlesiens, unthätig wie ein unbetheiligter Zuschauer stehen zu bleiben. Nicht etwa, weil gerade durch diese Feier ein Rückblick in die Vergangenheit geboten ist: diese Sorge kann der Verein getrost der Universität selbst überlassen, deren Vertreter schon seit mehreren Monaten mit solchem Eifer der Erforschung ihrer eigenen Vorzeit nachgehen, dass es fremder Hilfe hierbei nicht bedarf. Nicht deshalb also braucht der Verein an dieser Feier sich zu betheiligen, sondern aus innerem Herzensdrange, weil er sich der Universität innerlich verwandt fühlt. Sind doch seine Stifter zugleich Lehrer an derselben gewesen, seine Mitglieder grösstentheils Schüler derselben. Ja, was noch mehr bedeutet, beide sind desselben Geistes Kinder. Derselbe Geist, welcher die Universitäten zu Berlin und Breslau begründen liess, weil die freie wissenschaftliche Entwickelung zugleich als die kräftigste Waffe gegen die drückende Fremdherrschaft erschien, und der sich darin nicht geirrt hat, derselbe Geist führte auch gerade in der Noth jener traurigen Zeit zu einer so ernstlichen, so lebendigen und tief eindringenden Beschäftigung mit der deutschen Vorzeit, mit den vaterländischen Alterthümern, wie nie zuvor, und diesem Geiste, der Anregung jener tief bewegten Zeit, verdankt auch der Verein für Geschichte und Alterthum Schlesiens seine Entstehung.

Sein erster Stifter war Johann Gustav Büsching, ein Mann, dessen Verdienste um die Belebung jenes Geistes, um die Erhaltung, Erforschung und Bekanntmachung der Denkmale unseres heimischen Alterthums und vorzüglich um die Erregung einer lebhafteren Theilnahme an diesen Bestrebungen in weiteren Kreisen, nicht gering angeschlagen werden dürfen, wenn wir auch in seinen Arbeiten hin und wieder die tief in das Wesen der Dinge eindringende Kritik vermissen, welche heutiges Tages verlangt wird, damals aber weit schwerer zu erreichen war. Büsching war durchaus Autodidact: als Regierungs-Referendar erhielt er 1810 den Auftrag, bei der Säcularisation der schlesischen Klöster die Archive, Bibliotheken und Kunstgegenstände zu übernehmen, und hierdurch vorzüglich veranlasst, wandte er sich von nun an ganz der schon früher mit Vorliebe betriebenen Beschäftigung mit dem deutschen Alterthum zu.

Man hat häufig gesagt, dass durch die Zerstörung der aus alten Zeiten überkommenen Verhältnisse auch die Theilnahme an der Erforschung und Kenntniss derselben erkaltet sei. Allein der Kreis derjenigen, welche ernstlich für diese Bestrebungen thätig waren, ist auch im vorigen Jahrhundert ein beschränkter gewesen. Die handschriftlich vorhandenen Fortsetzungen der musterhaften Werke eines Rungé, eines

Klose blieben ungedruckt. Von keinem der alten Klöster ist, so lange sie noch bestanden, eine Geschichte gedruckt worden, obgleich mehrere vollständig zu diesem Zweck ausgearbeitet vorhanden waren. Einen historischen Verein kannte die gute alte Zeit nicht.

Büsching hat zuerst 1813 mit eigener Aufopferung die Herausgabe der Jahrbücher der Stadt Breslau von Nikolaus Pol begonnen. 1818 erliess er eine Aufforderung zur Bildung eines Vereines, um die Veröffentlichung der alten Denkmale in Schrift und Bild möglich zu machen. Die Betheiligung war nur gering, doch bestand der Verein mehrere Jahre und gewährte ihm einige Mittel zur Erreichung seiner Zwecke. Dann ruhte er lange Zeit. Kunisch, Stenzel, welche Büschings Bestrebungen fortsetzten, suchten sich auf andere Weise die Mittel dazu zu verschaffen; die Schlesische Gesellschaft für vaterländische Kultur unterstützte Stenzels Publicationen, konnte aber doch dieser einen Richtung ihrer Wirksamkeit nicht eine solche Entfaltung gewähren, wie Stenzels rastlose Thätigkeit sie verlangte. Da begründete Stenzel im Jahre 1846 mit Roepell, v. Goertz, dem früh verstorbenen Th. Jacobi, v. Amstetter, Anders, Loeschke, einen neuen Verein, welcher eine bedeutende Zahl von Theilnehmern fand und die Herausgabe der drei letzten Bände von Stenzels Scriptores Rerum Silesiacarum möglich machte. Es ist unnöthig, auf die ausserordentlichen Verdienste Stenzels um die Geschichte Schlesiens einzugehen: wer sich nur etwas mit Studien dieser Art beschäftigt hat, der weiss, dass er auf Schritt und Tritt den Wegen folgt, welche jener gebahnt, dass er überall nur auf den Grundlagen baut, welche Stenzel gelegt hat. Aber der Verein gedieh unter seiner Pflege nicht zu einem so selbständigen Leben, dass er die plötzliche Erschütterung durch den unerwarteten Tod seines Stifters ohne Gefahr hätte überstehen können. Da erwarb der Professor Roepell sich das Verdienst, ihn nicht allein vor der drohenden Auflösung zu bewahren, sondern auch durch regelmässige, mit Vorträgen verbundene Zusammenkünfte die Theilnahme neu zu beleben, während zugleich die Bearbeitung eines Schlesischen Urkundenbuches und die Ausgabe der schon früher beabsichtigten, aber erst jetzt in's Leben getretenen Zeitschrift den Mitgliedern Gelegenheit geben, selbstthätig für die Zwecke des Vereines mitzuwirken. Seitdem ist der Verein in erfreulicher Zunahme begriffen und findet auch bei den städtischen Behörden immer mehr Theilnahme und Förderung. Die Stadt Breslau vor allen lässt ihm eine so liberale Unterstützung zu Theil werden, wie sie in früherer Zeit ganz unerhört war, und niemanden in den Sinn gekommen wäre, auch nur zu verlangen.

Die drei Stifter des Vereines gehörten, wie wir gesehen haben, unmittelbar der Universität an, und eine grössere Anzahl von Docenten zählt zu den Mitgliedern desselben. Der ganze Verein aber zieht den grössten Vortheil aus dem freien Verkehr mit den Vertretern der Wissenschaft, der ungehinderten Benutzung der Bibliothek. Wir wissen das um so mehr zu schätzen, da andere Vereine eine solche Stütze schmerzlich entbehren, und nicht in allen Musensitzen die Universitätslehrer den

Bestrebungen für die Landesgeschichte eine so entgegenkommende Pflege angedeihen lassen. Indem wir daher unsere aufrichtigen Wünsche für das fernere Gedeihen der Universität mit den Glückwünschen aller derer vereinigen, welche gleich uns am heutigen Tage der Alma Mater Viadrina ihre Huldigungen darbringen, überreichen wir derselben zugleich in der Darstellung der städtischen Entwickelung Breslau's während des ersten Jahrhunderts seines Bestehens, das Bild einer deutschen Bürger-Gemeinde, welche, durch einen einsichtigen Fürsten auf fremden slavischen Boden berufen, in raschem Aufschwung den blühenden Zustand dieser Stadt begründete, welcher sie nach sechs Jahrhunderten würdig erscheinen liess, durch die neue Stiftung der Universität in weit höherem Maasse als zuvor den Mittelpunkt des geistigen Lebens der Provinz zu bilden.

Der Vorstand des Vereins für Geschichte und Alterthum Schlesiens.

Wattenbach. v. Görtz. Luthardt. Palm. Luchs. Neugebauer. Grünhagen.

Einleitung.

Die Geschichte hat gewisse Glanzepochen, wo Helden auftreten, die ihre Zeitgenossen gewaltig überragend, unwiderstehlich Aller Blicke auf sich ziehen, Zeiten eines mächtigen Aufschwunges, wo grosse Ideen sich Bahn brechen und die Welt zittert unter den Impulsen eines neuen Lebens. Diesen gehören vorzugsweise die Sympathien der Menschheit, alle Welt weiss von ihnen, ein ihren Kreisen entstammender Ton findet tausendfachen Wiederhall, aus ihnen greift sich der Dichter, der Maler den Stoff für seine Kunstschöpfungen, zu ihnen treibt den Historiker die eigne Begeisterung wie die Hoffnung auf allgemeinere Anerkennung. Daneben aber giebt es aber auch stillere Zeiten, wo der Weltgeist zwar nicht feiert, aber zurückgezogener und geräuschloser arbeitet und nur die Zurüstungen zu treffen scheint, um die Stücke in Scene zu setzen, welche dann auf der grossen Bühne die Welt erschüttern und fortreissen sollen. Zu diesen in tieferen Schatten liegenden Epochen, in denen der Genius der Geschichte seine Offenbarungen nicht wie dort in feurigen Lapidarbuchstaben, sondern in blasseren, schwerer zu entziffernden Zügen niedergeschrieben, dürfen wir vor allen die späteren Jahrhunderte des Mittelalters rechnen. Die Meisten sehen das Mittelalter an wie ein grosses Drama, wo sie, nachdem sie am Schluss des dritten Aktes den tragischen Untergang der Hohenstaufen gerührt beklatscht haben, ihr Interesse schwinden sehen, eine einheitliche grosse Handlung, mächtige Persönlichkeiten vermissen, sich nach neuer Spannung sehnen und endlich gelangweilt den Schluss herbeiwünschen. Sie mögen Recht haben, wenn sie wirklich am Ende des Mittelalters sich den Vorhang niedergehend denken und von vorn anfangend mit neuen Augen an das Schauspiel der Neuzeit herantreten. Anders aber urtheilen die, welche nach den Pfaden über den mächtigen Grenzwall suchen, den sich die Geschichte auf der Scheide der mittleren und neueren Zeit aus den Bausteinen grosser Ereignisse aufgeschichtet, welche darnach forschen, was von dem in Trümmer fallenden Mittelalter verwendet werden konnte zu dem Neubau der europäischen Welt. Diese werden grade auf jene späteren Jahrhunderte des Mittelalters ihre

Blicke richten müssen, dort werden sie finden, was von lebensfähigen Keimen der Neuzeit entgegenreift, dort vor allem werden sie das Element des Volkslebens entdecken, welches in allen lebensfähigen politischen Organismen der Neuzeit das wahre Fundament bildet, den Mittelstand das Bürgerthum. Und wenn der Blick des Deutschen sich betrübt abwendet von dem beginnenden traurigen Zersetzungsprozesse des deutschen Reiches, so wird er Trost finden können in dem gesunden fröhlichen Aufblühen der Städte, und sich für die schwindende Herrlichkeit des Kaiserthums entschädigen lassen durch den Glanz der Waffenthaten, welche den deutschen Städtebund der meerbeherrschenden Hansa zur Gebieterin des Nordens machen. Wenn nun dennoch die Entwickelung dieser Städte wenig bekannt, die Geschichte vieler fast noch zu entdecken ist, so liegt dies an der grossen Zahl dieser kleineren Organismen, die weder völlig gleich, noch völlig eigenthümlich in ihren Aehnlichkeiten das allgemeine Interesse erlahmen, und ihre Besonderheiten zum Gegenstande einer Liebhaberei machen, die Genüge an der engen Heimath findet.

Vorzüglich trifft diese Ungunst die Städte des östlichen Deutschlands. Unzugänglicher als ihre älteren Schwestern, blühten sie verborgen in jenen fernabliegenden Landschaften, deren Entwickelung, deren Streben und Leiden einflusslos auf das Grosse, Allgemeine zu bleiben schien. Keine dieser Landschaften aber lag von der grossen Heerstrasse der deutschen Geschichte weiter ab als grade unser Schlesien. Die Annalen des heiligen römischen Reiches nennen in ihren Kriegszügen kaum seinen Namen, in friedlicher Stille vollzieht sich der Prozess seiner Germanisirung. Und in der That, die Wanderzüge deutscher Kolonisten, welche Schlesien für Deutschland eroberten, können sich nicht messen mit jenen ruhmumstrahlten Heerfahrten, auf welchen einst heldenmüthige Kaiser die deutschen Banner durch die sonnigen Fluren Italiens bis zu den fernen Gestaden Homers und den noch ferneren Stätten trugen, die unser Glaube verklärt hat. Aber welche Frucht haben alle diese Anstrengungen, aller dieser Heldenmuth, diese Ströme von Blut gebracht, als dass sie Tausende von deutschen Herzen in fernem Boden gebettet haben? Die Dichtkunst mag sie mit dem rosigsten Schimmer poetischer Verklärung umweben, und eine kosmopolitische Geschichtsschreibung mag bewundernd von den vielseitigen Einflüssen und Anregungen sprechen, welche die Welt ihnen verdanke, aber ob sie unserm Volke zur Erreichung seiner nächstliegenden Aufgabe, seiner nationalen Entwicklung förderlich gewesen sind, werden wir wohl bezweifeln können, und das Eine wird Niemand leugnen, dass die politischen Gestaltungen, welche durch sie in's Leben gerufen worden, künstliche Schöpfungen waren, die, weil sie Heterogenes gewaltsam zusammenhalten wollten, schnell spurlos hinweggespült werden mussten durch die Fluth der Ereignisse.

Wie ganz anders haben die bescheidenen Eroberungen deutscher Kolonisten gewirkt, welche einst auszogen, um sich im fernen Osten eine neue Heimath zu gründen und grosse Gebiete dem deutschen Vaterlande auf's Neue zu erwerben, ausgerüstet nicht mit den schrecklichen Waffen des Krieges, sondern mit den friedlichen segenbringenden Werkzeugen des Ackerbaues und der Industrie, sie, die deutschem Fleisse, deutscher Betriebsamkeit den herrlichsten Sieg verschafften über die stumpfe Trägheit der Slaven. Ermangelten ihre Erfolge auch der blendenden Glorie, welche grosse Waffenthaten zu umgeben pflegt, so waren sie dafür um so dauernder. Die Früchte dieser Siege hat keine Fluth der Zeiten mehr hinweggespült, die Landschaften, die sie erobert, hat keine Gewalt mehr zu trennen vermocht von dem deutschen Vaterlande. Von ihnen, den Ackerbauern und Kaufleuten, gilt mit Recht Schiller's bewundertes Distichon:

> Euch, ihr Götter, gehört der Kaufmann. Güter zu suchen
> Geht er, doch an sein Schiff klammert das Gute sich an.

Trieb gleich auch sie nur die Hoffnung auf reicheren und leichteren Erwerb in die unwirthliche Ferne, doch wurden sie unwissentlich zu Trägern deutscher Kultur, zu Wohlthätern der gesammten Nation.

Dies Alles aber gilt in erhöhtem Masse grade von Schlesien. Zwar sind auch die sächsisch meissen'schen, wie die einst wendischen und preussischen Ostseelande durch deutsche Kolonisation erworben, aber hier hat Krieg und eiserner Druck gewüthet, und manche schwere wilde That, manches schreiende Unrecht befleckt das Andenken der Eroberer; in Schlesien aber ist in dem grossen Kampfe zwischen Germanen und Slaven kaum ein Tropfen Blutes geflossen, als Freunde und Retter kamen die Deutschen, und verkommende verödete Landstriche wurden durch sie zu neuer Blüthe und zu bürgerlicher Freiheit erweckt; so dürfen wir wohl sagen, dass grade unsre Provinz die ruhmvollste, schönste Eroberung des deutschen Volksthums ist.

Und wie sehr mit Unrecht wird die Geschichte unsrer schlesischen Städte, wird namentlich die Geschichte Breslaus über der der alten Reichsstädte vernachlässigt, bei jenen zumeist leuchtet der Schimmer glänzender Vergangenheit nur wie ein wehmüthiges Abendroth vor immer tieferer Dämmerung, während wir in unsrer Geschichte zugleich die Antwort auf die erfreuliche Frage finden, woher es gekommen, dass Breslau eine der ansehnlichsten Städte von ganz Deutschland geworden und geblieben ist. Wir haben nicht, wie die Bürger vieler west- und süddeutschen Städte, von dem Ruhme unserer Vorfahren zu zehren und auf die Berichte der Chronisten, den Glanz alter Bauwerke als beredte Zeugen ehemaliger Grösse hinzuweisen, welche die Gegenwart Lügen zu strafen scheint. Wie mächtig und selbstbewusst auch Breslau in alter Zeit zu wiederholten Malen uns entgegen tritt, wir haben keine Veranlassung von einem

Rückgehen, oder auch nur einem Stehenbleiben in der Entwickelungsgeschichte unsrer Stadt zu sprechen. Und wenn jene Städte die stolze Freiheit der Reichsunmittelbarkeit theuer damit erkauften, dass sie, auf sich selbst angewiesen, in kleinlichen Beziehungen in den unaufhörlichen Reibungen und Fehden des zersplitterten deutschen Reiches ihre Kräfte verzehrten, wenn sie in ihrer Vereinzelung nicht die Macht hatten, dem Emporkommen neuer Staatenbildungen zu widerstehen und den gänzlich veränderten Handelsbeziehungen, dem Umschwunge der neuen Zeit erlagen, so dürfen wir das Schicksal preisen, welches Breslau schon einmal im Mittelalter zur zweiten Hauptstadt eines mächtigen Reiches machte und ihm eine politische Stellung gab, in der es dauernd Schutz und Pflege für seine Interessen finden konnte.

Als aber unsre Stadt in dieses Verhältniss zu Böhmen trat, war sie bereits durch sich selbst ein fest organisirtes Gemeinwesen, ein nicht unbedeutender Handelsplatz, und dabei eine deutsche Stadt. Und wie sie dies geworden, wie die den Deutschen eigenthümliche Geschicklichkeit im Städtegründen auch hier auf slavischem Boden sich bewährt, wie in wenig mehr als einem halben Jahrhundert dieser Bildungsprozess sich vollzogen und alle die soliden Grundpfeiler des stattlichen Baues aufgerichtet worden sind, dies zu zeigen ist der Zweck dieser Darstellung. Wir verzichten dabei darauf, in die slavische Vorzeit Breslau's, für welche leider noch allzusehr Konjekturen den Mangel positiver Nachrichten ersetzen müssen, tiefer einzugehen, selbst jedes Urtheils in der Lieblingsstreitfrage der Breslauer Chronisten über die Entstehung des Namens wollen wir uns bescheidentlich enthalten. Wir beschränken uns auf die Gesichtspunkte, die uns unmittelbar auf unseren Ausgangspunkt, die Bewidmung der Stadt mit deutschem Rechte, führen.

Die Anfänge deutschen Lebens in Breslau und die Bewidmung mit deutschem Rechte 1242.

Man nimmt an, dass Breslau in der ersten Hälfte des zehnten Jahrhunderts gegründet worden sei[1]). Die ersten sicheren Nachrichten über seine Existenz erhalten wir durch die Anführungen Thietmars von Merseburg, der am Anfang des 11ten Jahrhunderts[2]) den Bischof von Breslau und Breslau als einen Sitz des Herzogs Boleslaus erwähnt. Als Ort der Kathedral-Kirche und der herzoglichen Burg dürfen wir auch für diese älteste Zeit die Dominsel ansehen, auf der seit 1052 der Bischof seinen dauernden Sitz hatte[3]) und eine herzogliche Burg bis in späte Zeit bestand[4]). Schon früh aber erfolgten Ansiedlungen auf dem linken Oderufer, und die günstige Lage des Ortes in Mitten des breiten oberen Oderthales an einer Stelle des Stromes, wo einige Inseln den Uebergang erleichtern, sicherte ihm ein schnelles Aufblühen. In dem Testament Wladislaws I. (✝ 1102) werden die drei Städte Breslau, Krakau und Sendomir die Hauptstädte des Königreichs Polen genannt. Als dann seit 1163 Schlesien von Polen getrennt ward und eigene Herzöge piastischen Stammes erhielt, ward Breslau die Residenz der wichtigsten derselben. Dass am Anfange des 13ten Jahrhunderts hier auf dem linken Oderufer schon eine ansehnliche Stadt[5]) bestanden habe,

---

[1]) Klose, Von Breslau. Dokumentirte Geschichte und Beschreibung in Briefen I, S. 100.

[2]) IV, 28 u. VII, 47.

[3]) Stenzels Scriptores rerum silesiacarum I, p. 156, 157.

[4]) Vergl. über sie Luchs, Abhandlung über vier mittelalterliche Baudenkmale Breslau's. Programm der höheren Töchterschule zu St. Maria Magdalena 1855, S. 3 ff.

[5]) Rösler in seiner Einleitung zum altprager Stadtrechte sagt pag. XIII. von den ältesten Ansiedlungen in Prag: „sie haben in dem Sinne des M. A. noch keine Stadt gebildet, d. h. eine geschlossene Gemeinde freier Leute mit einer selbstständigen Jurisdiktion und Verwaltung.“ In diesem engeren Sinne dürfte man natürlich auch das damalige Breslau nicht als Stadt bezeichnen.

erkennen wir deutlich aus der Zahl der schon vorhandenen Kirchen, zu Maria Magdalena, Elisabeth (Laurentius) und Adalbert, wozu noch die zwei schon in der ersten Hälfte des 12. Jahrhunderts gegründeten Klöster zu unserer lieben Frauen auf dem Sande und zu St. Vincenz auf dem Elbing kommen. Dieselbe wurden zwar in diesem Jahrhundert in den Jahren 1200 und 1219 von schrecklichen Feuersbrünsten heimgesucht[1]), aber immer sehr schnell wieder aufgebaut. Es ist sehr wahrscheinlich, dass auch diese slavische Stadt ihren Mittelpunkt, den Marktplatz oder Ring, zwischen den beiden Hauptthoren an der Stelle des jetzigen gehabt hat, ganz in der Nähe lagen ja auch die schon im Jahre 1224[2]) genannten (alten) Fleischbänke[3])."

Dass es nun auch in dieser slavischen Stadt, seitdem deutsche Fürstentöchter auf die schlesischen Throne und deutsche Mönche in die Klöster des Landes gekommen waren, schon deutsche Kaufleute gegeben, wird kaum zu bezweifeln sein, solche hatten ja überall an den wichtigen Handelsplätzen des slavischen Ostens ihre Niederlagen, und es ist nicht daran zu denken, dass dieselben zu den Fürsten in demselben Unterthänigkeitsverhältnisse gestanden hätten, wie die slavischen Einwohner. Das Natürlichste wäre, sich ihre Stellung nach der Analogie der Prager Verhältnisse vorzustellen, wo in der slavischen Zeit die deutschen Kaufleute eine von den Slaven in jeder Beziehung scharf gesonderte und mit besonderen Privilegien ausgestattete Genossenschaft bildeten, deren Mittelpunkt der Teinhof war[4]), und wenn es bisher nicht hatte gelingen wollen, in einer Quelle eine direkte Bestätigung dieser Analogie zu entdecken, so glaube ich jetzt eine hierauf bezügliche Angabe in einer Stelle der Biographie[5]) der Herzogin Anna, Gemahlin Heinrich's II., gefunden zu haben. Dort heisst es von der Zeit unmittelbar nach der Mongolenschlacht, wo Anna, die durch diese Schlacht zur Wittwe geworden war, die Regentschaft führte, sie hätte dem Jakobskloster (jetzt Appellationsgericht), welches bei der Verwüstung durch die Mongolen eingeäschert worden war, das Haus der Kaufleute geschenkt, das früher die grosse Summe von 200 Mark jährlich dem Herzoge eingebracht hätte. Von diesem Hause erfahren wir nun weiter nicht das Allermindeste, indess der ganze Vorgang, die Höhe jenes Betrags, die Verschenkung eines so ungemein werthvollen Gebäudes,

---

[1]) Pols Jahrb. zu diesem J.

[2]) Sommersberg, Ss. rer Siles. I, 830, vergl. auch die Urkunde von 1242, Tzschoppe und Stenzel, Urkundensammlung zu der Geschichte der Städte etc. p. 305.

[3]) Dieselben haben sicher genau auf derselben Stelle gelegen, wo sie noch heut sich befinden. Im 14ten Jahrhundert wenigstens wird ihre Lage ganz der heutigen entsprechend geschildert. (Henricus pauper in dem Cod. dipl. Siles. III., p. 127.)

[4]) Rösler a. a. O. p. XIII ff.

[5]) Stenzel Ss. II, 128.

wie der gutwillige Verzicht seitens der Kaufleute findet wohl am Natürlichsten seine Erklärung, wenn wir, von der Annahme ausgehend, dass jenes Gebäude für Breslau das war, was der Teinhof für Prag, dies in Verbindung bringen mit der eben im Jahr 1242 erfolgten Neugründung nach deutschem Rechte. Da hierdurch die ganze Stadt den Deutschen geöffnet wurde, verlor jenes Haus, auf welches sie früher für ihren Handel allein angewiesen waren, seine hervorragende Bedeutung, und die deutschen Kaufleute konnten sich dessen Verschenkung wohl gefallen lassen. Was die Höhe der Summe anbetrifft, so vermögen wir daraus auf die grosse Bedeutung des deutschen Handels schon in jener Zeit zu schliessen[1]), obwohl es sehr wahrscheinlich ist, dass die Kaufleute ihre eximirte Stellung sehr theuer haben bezahlen müssen. Sonst vermögen wir über dieses Haus nur die Vermuthung auszusprechen, dass es in der Nähe des Jakobsklosters, zu welchen es später hinzugefügt wurde, also wohl an der Oder und dem Flussübergangspunkte gelegen hat. Es scheint durch seine feste Bauart aus Stein sich vor den übrigen Häusern ausgezeichnet zu haben, da es allein den durch die Mongolen verursachten Brand, dem ja selbst das Kloster erlegen war, zu überdauern vermocht hat.

Dieses slavische Breslau ward nun bei dem Tartareneinfall im Jahre 1241 vollständig niedergebrannt und aus den Flammen dieser Verwüstung erhob es sich verjüngt als deutsches Gemeinwesen, als eine Ansiedlung freier deutscher Kolonisten. Es ist das Verdienst Stenzel's, durch Veröffentlichung einer Urkunde Herzogs Boleslaus für Kloster Trebnitz vom 10. März 1242 (Tzsch. u. St. No. 22 p. 304), in welcher von der „locatio civitatis Wratislavie, quam jure Teuthonico locavimus" gesprochen wird, nachgewiesen zu haben, dass Breslau schon im Jahre 1242 deutsches Recht erhielt[2]). Demselben Neubildungsprozesse hat in der zweiten Hälfte des 13ten Jahrhunderts der grösste Theil der schlesischen Dörfer unterlegen[3]), wie dies von Stenzel in der Einleitung zu der von ihm und Tzschoppe herausgegebenen Urkundensammlung zu der Geschichte des Ursprungs der Städte etc. im Einzelnen ausgeführt worden ist. Fast überall hatte die durch die Mongolen herbeigeführte Verödung des Landes diese grosse Umgestaltung erleichtert, welche, indem sie die Gründung überraschend zahlreicher freier deutscher Gemeinden bewirkte, Schlesien für Deutschland eroberte und zugleich auch die Keime gedeihlicherer Entwickelung überall einpflanzte.

---

[1]) Wie wir unten sehen werden, zahlte später die ganze Stadt Breslau an direkten Steuern an den Landesherrn nur das Doppelte, 400 Mark.

[2]) Vergl. noch Einleitung zu Tzschoppe und Stenzel S. 97 u. 98. Anm. 1. Eine Bestätigung findet man auch in den Worten der Chron. princ. Pol. (Stenzel Ss. rer. Siles. I, 107), wo beim Jahre 1245 Breslau genannt wird: „adhuc novella, Theotonicis jure Theothonico illic se locantibus."

[3]) Unter den schlesischen Städten war Breslau nächst Neumarkt (1235) die erste, die deutsches Recht erhielt.

In den Städten können wir nun durchgängig eine erste Periode ihrer Entwicklung unterscheiden, nämlich die von der ersten Bewidmung mit deutschem Rechte bis zur Einführung des Magdeburger Stadtrechts. Während nämlich jene ersten Bewidmungen mit deutschem Recht im Wesentlichen nur die Exemtion von den Lasten des polnischen Rechtes, die auf Grundlage der libertas theutonicalis[1]) neu gegründete sociale Stellung der Ansiedler enthielten, so dass eine derartige Verleihung ganz ebensowohl an Dörfer wie an Städte gemacht werden konnte, wurden erst durch die erlangten Mittheilungen des Magdeburger Rechts die Bürgergemeinden als städtische von den ländlichen Ansiedlungen wesentlich verschiedene Gemeinwesen constituirt und mit den wesentlichsten Attributen der Selbstregierung ausgestattet[2]).

Diese erste Periode umfasst bei Breslau die zwei Decennien von 1242—1261, und gerade über diese Zeit sind wir sehr wenig unterrichtet. Wir müssen es auf das Lebhafteste bedauern, dass die erste Gründungsurkunde von 1242 verloren gegangen ist, welche uns allein über die Bedingungen, unter welchen jene Gründung vollzogen ward, aufklären konnte. Was die äussere Gestalt und Ausdehnung anbetrifft, so ist es sehr wahrscheinlich, dass sie schon damals jene Ausdehnung erhalten hat, die ihr dann bis auf Karl IV. geblieben ist, und welche noch heut durch den Lauf des Ohlauflusses bezeichnet wird[3]). Dass sie sogleich befestigt, also wenigstens mit einem Erdwall und Graben versehen worden ist, vermögen wir daraus abzunehmen, dass, als in einer jener Bruderfehden, wie sie in dem Hause der Piasten so häufig vorkommen, Boleslaus der Kahle, der älteste Sohn des bei Wahlstadt gefallenen Herzog Heinrichs II., seine noch unmündigen Brüder bekämpfte und in den Jahren 1245—48 drei Kriegszüge gegen Breslau unternahm, die Bürger einen mannhaften und erfolgreichen Widerstand zu leisten vermochten[4]), zugleich ein Zeichen für das schnelle Aufblühen der Stadt. Auch werden wir wohl kaum irren, wenn wir annehmen, dass jene Planmässigkeit, welche die Anlage der eigentlichen Stadt abspiegelt, schon aus jener Zeit der ersten Gründung herstammt; damals, wo die Mongolen so vollständig tabula rasa gemacht hatten, liess sich leichter eine bestimmte Idee durchführen. Merkwürdig ist die in jene Epoche fallende Gründung eines zweiten Marktplatzes, des Neumarktes[5]), auf welchem wir auch 24 Fleischbänke errichtet finden. Die Lage

---

[1]) Diesen Ausdruck gebraucht eine Urkunde von 1235, welche den Wallonen in Würben deutsches Recht verleiht. Tzsch. u. St. Nr. 18, p. 301.

[2]) Von diesem Unterschiede zwischen Deutschem und Magdeburger Recht handelt ausführlich Stenzel, Tzsch. u. St. Einleitung S. 95 ff.

[3]) Die Ohlau wird 1291 um die Stadt geleitet. (Pols Jahrbücher.)

[4]) Chron. princ. Pol. 107. Klose, I, 480 ff.

[5]) 1266 verkaufte Heinrich III. 24 Fleischbänke auf dem Neumarkte, welche dem Herzoge ganz zugehört hatten, an zwei Breslauer Bürger, Klose I, 500. Von einer Neugründung aber bei der Ertheilung des Magdeburger Rechtes

des Neumarktes giebt uns auch einen Wink über die Richtung, in welcher der Ausbau der Stadt innerhalb der bezeichneten Grenzen vorgeschritten ist. Es ist also die Stadt nicht, wie man vielleicht erwarten konnte, von Nordost her in Anknüpfung an die ältesten Ansiedlungen auf dem Dome vorgeschritten, sondern grade umgekehrt (wie dies allerdings schon die Lage des grossen Ringes beweist), so dass der Theil, welcher die Verbindung des eigentlichen Breslaus mit der Sand- und Dominsel herstellt von der innern Stadt am Spätesten bebaut worden ist, und die Entfernung dieses Stadttheils von dem eigentlichen Centralpunkte die Errichtung eines zweiten Marktplatzes nothwendig gemacht hat. Es ist leicht möglich, dass dieser Theil überhaupt zu dem von dem Herzoge reservirten Burgterritorium gehörte[1]).

Die Errichtung der Fleischbänke auf dem Neumarkte hat sicher mit den Streitigkeiten zusammengehangen, welche grade über die Breslauer macella entstanden sind, deren innerer Zusammenhang aber uns noch in vielen Stücken dunkel ist. Es berichtet nämlich Herzog Boleslaus in der schon mehrfach angeführten Urkunde vom 10. März 1242[2]), er sei genöthigt gewesen, einen Zins von jährlich 30 Stein Fett, den das Kloster Trebnitz von den Breslauer Fleischbänken laut alter Privilegien gezogen habe, abzulösen, weil sich sonst die Anlegung Breslaus nach deutschem Rechte auf keine Weise hätte durchführen lassen[3]). Wollte man aber hieraus schliessen, dass die deutschen Colonisten darauf bestanden hätten, den Besitz der Fleischbänke (es ist natürlich hier immer von den „alten" die Rede) ausschliesslich der Bürgerschaft vorbehalten zu sehen, so würde man in Widerspruch kommen mit einer zweiten Urkunde, aus welcher erhellt, dass der Herzog noch immer ein Anrecht auf die Fleischbänke gehabt hat. Herzog Heinrich III. und sein Bruder Wladislaus nämlich erklären unter dem 16. Dezember 1261, zur Zeit ihrer Minderjährigkeit (dies war in den vierziger Jahren) hätten der Breslauer Vogt und die gesammte Bürgerschaft ihren (der Fürsten) Rechten auf die Fleischbänke, sowie auch auf gewisse Gärten vor der Stadt, wesentlichen Eintrag gethan. Die Herzöge hätten aber später ihr Recht wiedergefordert, und da damals die Breslauer im Gefühl ihres Unrechts es auf keinen Rechtsspruch hätten ankommen lassen wollen, sondern sich ganz der Gnade der Fürsten anheim gegeben hätten, so gäben diese jetzt jene Rechte freiwillig auf[4]). Da erscheint als ganz wahrscheinlich, dass die Herzöge, nachdem sie diese Anrechte ganz aufgegeben, sich

---

1261 sagt die betreffende Urkunde Nichts, also werden wir wohl die Anlage des Neumarktes vor das Jahr 1261 zu setzen haben. Denn dass schon die alte slavische Stadt zwei Marktplätze gehabt habe, wird wohl Niemand annehmen.

[1]) Vergl. unten S. 12.

[2]) Tzsch. u. St. No. 22 p. 304.

[3]) A. a. O. „Hec enim commutatio facta est propter locationem civitatis Wratilavie, quam jure Teuthonico locavimus, sine qua commutatione predicta, locatio nullo modo perduci poterat ad effectum.

[4]) Tzsch. u. St. Nro. 57, p. 365.

durch die Anlegung einer Reihe von neuen Fleischbänken, deren Zins ihnen ausschliesslich zustand, zu entschädigen gesucht haben. Hätten damals, 1261, auch die neuen Fleischbänke schon bestanden, so müsste der Ausdruck macella ohne jeden Zusatz einigermassen befremden. In jedem Falle spricht das Bedürfniss der Anlage eines zweiten Marktplatzes, ebenso wie die Vermehrung der Fleischbänke[1]) für das schnelle Aufblühen der Stadt.

Von der Verfassung Breslaus in jener Zeit, namentlich davon, wie weit wohl schon die Selbstregierung vorgeschritten sein mochte, ob es schon gesetzmässige Vertreter der Bürgerschaft, Consuln und Schöffen gegeben, wissen wir Nichts. Urkundlich lässt sich keine Spur von ihnen nachweisen und gegen ihre Existenz in dieser Periode spricht die schon erwähnte Urkunde von 1261, in welcher der Herzog von den Verhandlungen wegen der Fleischbänke spricht. Hier führt er mehrmals neben dem judex immer nur die cives an ohne die consules zu nennen; in späterer Zeit hätte doch sicher ein Fürst bei Phrasen wie die: „maxime indignantes tam nostro judici quam etiam civibus universis“ die consules nicht übergangen. Auch Stenzel ist der Ansicht, dass erst seit der Mittheilung des Magdeburger Rechts an Breslau Rathmänner an der Spitze der Bürgerschaft stehen[2]).

Die Neustadt.

Bevor wir von dem wichtigen Fortschritt sprechen, welchen in dieser Periode das Breslauer Gemeinwesen macht, müssen wir einer merkwürdigen Gründung gedenken, welche in den Anfang dieser Epoche fällt. Im Jahre 1263 nämlich übergiebt Heinrich III. die Insel zwischen den Kirchen zu St. Albrecht und dem heiligen Geiste und den Mauern seiner Breslauer Burg und der Ohlau als die sogenannte Neustadt seinem Getreuen Gerhard von Glogau zur Aussetzung nach Magdeburger Recht[3]). Es ist nicht ohne Interesse, diese Grenzbestimmungen näher in's Auge zu fassen. Der für diese Neugründung abgegrenzte Bezirk wird eine Insel genannt, eine solche

---

[1]) Die neuen Fleischbänke enthielten 24 Verkaufsstätten, ebensoviel dürfen wir doch als das Minimum bei den alten voraussetzen, im 14ten Jahrhundert hatten dieselben über 40 einzelne Bänke.

[2]) Schles. Gesch. S. 232. Früher hatte allerdings Stenzel die ebendahin gehende Ansicht Kloses (II, 60) bestritten. Einleit. zu Tzsch. u. St. S. 233.

[3]) Die Urkunde ist transsumirt in eine Bestätigung Heinrichs V. v. J. 1290 bei Tzsch. u. St. No. 80 p. 405.

wäre an jener Stelle nur denkbar, indem man dieselbe von zwei Mündungsarmen der Ohlau und der Oder umflossen dächte. Nun wird uns berichtet, dass die Ohlau erst 1291 „zu Nutz und Befestigung um die Stadt geführt worden sei"[1]), und wir werden, durch jene Grenzbestimmungen geleitet, die für die Topographie des alten Breslaus nicht unwichtige Frage über den Lauf und die Mündung der Ohlau vor 1291 zu beantworten vermögen. Zwischen den angegebenen Punkten der Albrechtskirche und dem Stift zum heiligen Geiste (an der Stelle der heutigen heiligen Geiststrasse) fliesst jetzt ein Arm der Ohlau (die sogenannte weisse Ohlau), der an der Goldbrücke mündet. Auf dieser Linie, in der wir zugleich die Ostgrenze der damaligen Stadt erkennen, müsste also schon vor 1291 die Ohlau die Stelle des Wallgrabens vertreten haben, und in der That lässt es sich nachweisen, dass dieser Arm der Ohlau schon damals existirt hat. Schon die Angabe des Chr. abb. b. Mar.[2]), welches berichtet, der Ohlaufluss sei 1291 versus aliam partem civitatis et circa eandem geführt worden, lässt voraussetzen, dass die Ohlau auf einer Seite die Stadt berührt habe, was doch unmöglich wäre, wenn der Fluss noch östlicher gemündet hätte. Ferner wird an derselben Stelle berichtet, dass das Sandkloster eine Mühle an der Ohlau in der Neustadt besessen habe, die Kätzelmühle, deren Lage wir kennen, und welche eben an dem erwähnten Arm des Flusses stand; diese musste niedergerissen werden, als 1291 die Ohlau um die ganze Stadt geführt wurde. Dann sagt auch die Stiftungsurkunde[3]) des Hospitals zum heiligen Geiste vom Jahre 1214, es werde zu dieser Gründung überliefert die „terra, que est inter Olavam et Odricram." Endlich wird auch in einer späteren Urkunde von 1306 über die Neustadt, wo von der Grenze zwischen beiden Städten die Rede ist, zweimal der Ausdruck gebraucht: Antiquus fluxus Olavae und antiquus cursus Olavae[4]). Vollständig zur Insel ward dann der Bezirk der Neustadt durch den zweiten östlicheren Mündungsarm, der unterhalb der Ziegelbastion in die Oder fliesst. Dieser so begrenzte Raum umfasst auch genau dasselbe, was wir noch heut die Neustadt nennen.

Aber jene Grenzbestimmung der Urkunde nennt auch noch eine Lokalität, deren Bestimmung von grösster Wichtigkeit ist; es wird dort neben den beiden erwähnten Kirchen auch als eines Grenzpunktes der Mauern arcis nostre Wratislaviensis gedacht, welche selbstverständlich mit der Burg auf dem Dome Nichts gemein hat.

---

[1]) Urkunde bei Sommersberg Ss. rer Siles. I. 232. Pols Jahrbücher, vergl. auch das Chron. abbat. b. Mariae (Stenzel Ss. rer. Siles. III. 179). Daher wird auch im Henr. pauper z. J. 1303 der Ohlaufluss als novum fossatum bezeichnet (Cod. dipl. Siles. III. p. 12).

[2]) A. a. O.

[3]) Morgenbesser, Geschichte des Hospitals und der Schule zum heiligen Geiste S. 2.

[4]) Lünig Reichsarchiv XIV, 235.

Die Lage dieser zweiten Burg vermuthet Stenzel in der Gegend der heutigen Ziegelbastion[1]) und es lässt sich dafür anführen, dass, wenn man den Bestimmungen der Urkunde folgend von der Adalbertskirche zu dem heiligen Geiststifte fortgeht, man die Oder erreicht hat und um nun weiter zur Ohlau (d. h. dem östlichen Arme) zu kommen, auf die Insel selbst übergegangen und das Oderufer verfolgt werden muss. Wir hätten demnach also zwischen dem heiligen Geiststifte und dem östlicheren Mündungsarme die Mauern der Burg zu suchen, und da die Oder selbst gar nicht erwähnt wird, wäre es denkbar, dass diese Mauern von der Mündung der weissen Ohlau, an der heutigen Goldbrücke, bis zu jenem zweiten Mündungsarme führten und so eine Ecke der Insel abschnitten, innerhalb deren, etwa an der Stelle der heutigen Ziegelbastion, diese Burg gelegen hätte.

Indess spricht doch der Mangel jeder andern Spur gegen diese Auslegung. Wir können nicht umhin, anzunehmen, dass der Uebergang auf dem Sand schon in alter Zeit eine Befestigung gehabt habe; zwischen dem Sandthore und der heutigen Universität lagen die von den Herzögen sicher unter einem gewissen Schutze gestifteten Klöster zu St. Jacob, St. Clara und St. Mathias, dort lag auch die Curie der Herzogin Anna[2]) und, wie wir gesehen, das älteste Kaufhaus, wir dürfen also annehmen, dass sich links der Oder ein bedeutendes Burggebiet zwischen Oder, Ohlau und der neu angelegten Stadt, deren Strassen man sich nach allen Seiten gleich weit vom Ringe aus geführt zu denken hat, befunden habe. Dass hier auch wirklich eine herzogliche Burg gestanden, bestättigt die Stiftungsurkunde des Elisabethhospitals, in der dem Mathiasstifte ein zweifellos in dessen Nähe belegener Baumgarten hinter dem Schlosse geschenkt wird[3]). Es wird also die Urkunde der Neustadt so auszulegen sein, dass die eine Ausdehnung der insula von der Kirche zu St. Adalbert bis zur Kirche zum heiligen Geist, die andre von den Mauern einer Burg, die sich in der Nähe der Sandbrücke befand, bis zu der südöstlich fliessenden Ohlau ging.

Die Stiftungsurkunde giebt kein Motiv für diese uns auffallend scheinende Gründung einer neuen Stadt unmittelbar neben einer schon bestehenden an. Solche Doppelgründungen

---

[1]) Tzsch. u. St. p. 405 Anm. 2.

[2]) Diese Curie wurde nach der Stiftungsurkunde des Elisabethhospitals zwischen Jakobskloster und Mathiasstift getheilt (Schmeidler Geschichte der Elisabethkirche S. 16). Ausserdem gab es weiter westlich auch an der Stelle der heutigen Universität noch eine herzogliche Curie, die bestimmt von der Burg und dem Schlosse unterschieden wird vergl. die Urkunde über das Schrotamt vom Jahre 1273 Copialbuch des Prov. Archives f. 197 (bei ungedruckten Urkunden werde ich im Interesse einheimischer Leser auf dieses verweisen, wie ich es schon in der Anm. zum Cod. dipl. Silesiae Bd. III gethan, vergl. die Einleitung dazu p. XVI), und aus welcher Curie später die königliche Burg gemacht worden ist (Klose IIb 409).

[3]) Schmeidler a. a. O.

sind an sich nicht ungewöhnlich, und selbst bei schlesischen Städten kommen sie noch vor, so in Schweidnitz, Neisse, doch lassen sich nicht leicht allgemeine Gesichtspunkte zur Erklärung derartiger Erscheinungen aufstellen; wenigstens vermag ich in dem, was Stenzel über solche Doppelstädte sagt[1]), nichts für Breslau Anwendbares zu finden. Ich bin überzeugt, dass den Herzog dabei der Wunsch geleitet hat, diesen Bezirk, welchen er bisher bei dessen insularer Abgeschlossenheit noch mit als Burgterritorium sich reservirt hatte, nun auch sich einträglich zu machen, und wenn er dies Stück Land besonders aussetzte, so that er dies wahrscheinlich nur um seinen Getreuen Gebhard von Glogau, dem er wohl durch eine Geldschuld verpflichtet sein mochte, durch die beträchtlichen Revenüen der Vogtei zu beschenken oder abzufinden.

Die Neustadt Breslau hat gleich bei ihrer Gründung zugleich deutsches und Magdeburger Recht, wofür wir kaum ein anderes Beispiel nachweisen könnten[2]). Ueber ihre Fortentwickelung bis zu ihrer Vereinigung (mit der Altstadt 1327[3]) sind wir wenig unterrichtet. Wir erfahren von ihr nur bei Gelegenheit der zwischen den beiden Städten durch die Eifersucht der Altstädter hervorgerufenen Streitigkeiten, auf die wir noch zurückkommen werden.

Das Magdeburger Recht in Breslau 1261 und die ersten Privilegien der Stadt.

Im Jahre 1261 theilen die Schöffen und Rathmänner von Magdeburg auf Bitten Herzog Heinrichs III. und der Bürger von Breslau diesen letzteren ihr Recht mit in einer ziemlich umfangreichen Urkunde[4]). Dieselbe enthält neben den Bestimmungen über die in der Stadt herrschenden Gewalten, die wir noch näher in's Auge fassen wollen, sehr detaillirte strafrechtliche und privatrechtliche Festsetzungen; dieselben erscheinen in manchen Stücken modificirt

---

[1]) Tzsch. u. St. Einl. S. 246.

[2]) Tzsch. u. St. Einl. S. 98.

[3]) Ich finde die Consuln der Neustadt nur dreimal urkundlich erwähnt, in einer Urkunde von 1306 Klose I. 599 Copb. f. 370, dann in einer vom 26. August 1326 (Archiv des Kreuzstiftes) und endlich eben bei deren Vereinigung mit der Altstadt. Klose I 630. Copialbuch des Prov. Archives f. 374

[4]) Abgedruckt bei Tzsch. u. St. No. 56 p. 351—363. Klose II. 63 erwähnt auch noch eine frühere Mittheilung vom Jahre 1255 (städt. Archiv B. 4), doch hat schon Gaupp (das alte Magdeburgische und Hallische Recht, Einleitung p. VIII) dies als einen Irrthum, der durch eine unrichtige Lesung der Zahlbezeichnung in der Urkunde (funzegestem statt nunzegestem) entstanden, berichtigt, wie auch mich die Einsicht der Urkunde selbst überzeugt hat.

durch eine herzogliche Urkunde vom 16. Dezember 1261[1]), unter welchen Modifikationen Heinrich III. den Breslauer Bürgern den Gebrauch des mitgetheilten Magdeburger Rechts gestattet.

Die Verbindung zwischen Breslau und Magdeburg blieb nicht auf diese erste Mittheilung beschränkt. Gleich in dieser sagen die Schöffen den Breslauern, sie wollen „ihnen das helfen halten" und oft haben diese sich später noch nach Magdeburg gewendet, um in zweifelhaften Fällen sich Rechtsbelehrungen und authentische Interpretationen zu holen, es wurde allmälig das Magdeburger Schöffenkollegium als Oberhof zu einer Appellationsinstanz und ist es auch geblieben bis zur Mühlberger Schlacht[2]). Aber auch andrerseits theilte wiederum Breslau sein Stadtrecht andern schlesischen Orten mit (Stenzel zählt 11 Orte auf), die es nachweislich von ihm empfangen[3]) und ergänzte dasselbe dann auch wieder noch durch Rechtsbelehrungen und Weisthümer. Freilich haben sich auch andre Städte ausser Breslau das Magdeburger Recht direkt von dieser Stadt erbeten, so Görlitz, Schweidnitz und vielleicht auch Ratibor[4]), und ebenso haben manche schlesische Ortschaften das empfangene Stadtrecht wieder selbstständig weiter gegeben, indessen haben die Breslauer dies immer ungern gesehen, und wie mehrere Beispiele zeigen, es sich angelegen sein lassen, andre Städte zu verpflichten, nur von ihnen Rechtsbelehrungen sich zu erholen[5]), ein Bestreben, welches uns leicht begreiflich scheinen muss, wenn wir erwägen, dass diese Abhängigkeit der schlesischen Städte von den Entscheidungen des Breslauer Rathes nicht nur das Ansehen dieser Stadt erhöhte, sondern auch direkt einträglich war[6]).

In derselben Urkunde, in welcher den Breslauern der Gebrauch des Magdeburger Rechts gestattet wird, beginnt aber auch schon die Reihe von Bewilligungen, welche wir in der nächsten Zeit in so reichem Masse den Breslauern ertheilt sehen. Mit Uebergehung der auf die Gerichtsverhältnisse bezüglichen Concessionen, deren wir unten bei der Darstellung der Entwickelung der Vogtei gedenken werden, wollen wir dieselben hier in aller Kürze angeben. In der Urkunde von 1261 ist es, wo der Herzog (wie schon erwähnt) die

---

[1]) Ebendas. No. 57 S. 364.

[2]) Eine grosse Menge solcher Rechtsbelehrungen von Magdeburg an Breslau und von Breslau für andere schlesische Städte, sowie auch Rechtssprüche der Magdeburger und Breslauer Schöffen hat neuerdings Herr Dr. Laband in einer Handschrift des Raths-Archivs, die den Titel führt: „Der rechte Weg" aufgefunden. Der älteste uns bekannte Rechtsspruch der Schöffen von Magdeburg für Breslau dürfte der in diesem Buche sich findende vom Jahre 1300 sein.

[3]) Tzsch. u. St. Einl. S. 115.

[4]) Tzsch. u. St. a. a. O.

[5]) Diese Verpflichtung findet sich z. B. ausgesprochen in der Rechtsmittheilung für Goldberg 1292, Tzsch. u. St. No. 87 S. 416, an Liegnitz 1302 ebendas. No. 101a S. 442 etc.

[6]) Im Jahre 1298 bezahlen die Bürger der Neustadt für eine Rechtsmittheilung 10 Mk. Henricus pauper p. 2.

früher streitig gewesenen Ansprüche auf die Fleischbänke und die Gärten vor der Stadt aufgiebt, wie er auch jetzt die Einwohner der Sandinsel[1]) und des ländlichen Bezirks um St. Mauritius[2]) der communalen Verwaltung und Rechtspflege unterordnet, ebenso auch die Weideplätze an der Oder[3]) den Bürgern überlässt, während er sich die Münze, die Tuchkammern, die Zölle und sein Hofgericht ausdrücklich vorbehält. Im Jahre 1266 verkauften dann die Herzöge die 24 Fleischbänke auf dem Neumarkte an drei Breslauer Bürger für 300 Mark, versprechen auch, innerhalb einer Meile keine neue Fleischbank anzulegen[4]), ferner in demselben Jahre den Breslauer Bürgern den Marktzoll der Stadt, ingleichen die Zölle auf der Weide, wie auch die in Lissa, Galowo (Gohlau?) und Muchobor (Kl. Mochbern[5]), endlich auch noch 1266 an zwei Breslauer Bürger 47½ Reichkrame[6]) unter dem Versprechen, diese Verkaufsstätten weder vermehren noch verlegen zu wollen[7]). 1266 starb Herzog Heinrich III., und aus der Zeit, wo dessen Bruder Wladislaus, Erzbischof von Salzburg, die Vormundschaft über des Verstorbenen Sohn führt, haben wir nur eine Urkunde für zwei Breslauer Bürger, die Anlage eines Grabens aus der Ohlau in die Oder zum Nutzen ihrer Mühlen betreffend[8]). Als aber Heinrich IV. die Regierung selbst übernommen, eröffnet sich für die Breslauer eine neue Reihe von Privilegien; 1271 giebt er ihnen die Erlaubniss, 16 Brotbänke anzulegen, deren Zins der Stadt gehören und zum Bau und zur Erhaltung der Brücken verwendet werden sollte[9]). Das Unglück, welches 1272 die Stadt traf, indem dieselbe bis auf wenige steinerne Häuser abbrannte, gab um so mehr Veranlassung, den Verunglückten durch Bewilligungen zu Hilfe zu kommen. Indem er daher, um die Wiederkehr eines ähnlichen Unglücks zu verhüten, die Bürger verpflichtete, bei dem Neubau nicht mehr Holz, sondern Steine oder Ziegeln anzuwenden, monopolisirte er zugleich die städtischen Gewerbe durch die Ertheilung des Meilenrechtes[10]). Noch wichtigere Vorrechte brachte den Breslauern das folgende Jahr. Da erhielten

---

[1]) Aus demselben Jahre findet sich noch eine Nachricht, nach welcher Heinrich und Wladislaus den Theil der Sandinsel, der gegen die Stadt zu liegt, mit den Gärten der Stadt Breslau und deren Consuln übergeben haben. Chr. abb. b. Mar. p. 174.

[2]) Später führt dieser Bezirk den Namen der platea Gallicana oder inter Gallicos (Henr. pauper p. 9 und meine Anm. 4 dazu).

[3]) Henr. pauper p. 1 u. 10 nebst Anm. 4.

[4]) Klose I, 500. Coph. f. 202.

[5]) Klose I. 101. Coph. f. 138.

[6]) Vergl. über sie Henr. pauper p. 9 Anm. 2.

[7]) Klose I, 501. Coph. f. 195.

[8]) Sommersberg Ss. rer. Siles. I, 328.

[9]) Klose I, 520. Coph. f. 196.

[10]) Lünig a. a. O. 232.

sie neben der Befugniss, 32 Brot- und ebensoviel Schuhbänke anzulegen, auch das Schrotamt[1]), ferner die Bleiwage[2]), dann die Innungsgelder[3]). Im folgenden Jahre wurde das Recht der Bleiwage noch einmal bestättigt und das für den Handel so wichtige Recht der Niederlage hinzugefügt[4]).

Ueberblicken wir alle diese Privilegien, so kann es uns nicht entgehen, dass die Fürsten den Städten gegenüber sich umfangreiche Rechte bei der Verleihung der deutschen Freiheiten vorbehielten. Wir dürfen aber auch aus dem nachträglichen Aufgeben dieser Rechte mit voller Sicherheit auf einen nicht geringen Grad des Wohlstandes seitens der Stadt schliessen, denn es wäre sehr irrig, in jenen Privilegien Nichts als Ausflüsse landesväterlicher Huld zu erblicken. Die meisten dieser Privilegien sind vielmehr, wie es manche dieser Urkunden ganz direkt aussprechen, im Wesentlichen Rentenkäufe. Es kam wohl vor, dass der Herzog, wie z. B. nach der Feuersbrunst von 1272 der arg beschädigten Stadt eine wirkliche Schenkung machte, oder dass er, wie Heinrich IV., von dem lobenswerthen Grundsatze ausgehend: „(civium) utilitatem incrementum et profectum in omnibus fore nostrum nostrorumque successorum"[5]) sich besonders billig finden liess, im Allgemeinen hatten aber die Fürsten jener Zeit selbst viel zu wenig Geld, als dass sie so werthvolle Einnahmequellen hätten verschenken können; vielmehr kosteten diese Pergamente sehr beträchtliche Summen und die Städte haben es sehr wohl verstanden, von der häufigen Geldnoth der Fürsten das zu erlangen, was ihnen landesväterliche Fürsorge kaum jemals gewährt hätte, und sie vermochten genau genug zu rechnen, um sicher zu sein, dass das bei solchen Käufen angelegte Kapital sich sehr gut verzinsen würde. Natürlich wuchs mit den auf solche Art gesteigerten Einnahmen auch das Ansehen der Stadt, und je mehr es gelang, alle fremden Einflüsse aus dem communalen Leben zu verbannen, desto fester musste sich das städtische Gemeinwesen consolidiren.

Noch verdient erwähnt zu werden, dass in einigen dieser Urkunden sich auch direkt der Wunsch ausgesprochen findet, noch mehr Kolonisten nach Breslau zu ziehen, denen dann jedesmal volle Rechtsgleichheit mit den übrigen Bürgern und Abgabenfreiheit für ein Jahr zugesichert wird[6]), und dass ein solches Zuströmen andrer deutscher Kolonisten, selbst noch im 14ten Jahrhundert, immer fortgedauert hat, ist nicht zu bezweifeln. Aus welchem Theile Deutschlands

---

[1]) Tzsch. u. St. Einl. S. 196. Henr. pauper p. 2.

[2]) Tzsch. u. St. Einl. S. 257.

[3]) Klose I, 525. Copb. f. 197.

[4]) Klose I, 526. Copb. f. 131. Sommersberg III. 90.

[5]) Urkunde vom 31. Januar 1272. Lünig XIV, 232.

[6]) So in der Urkunde von 1261. Tzsch. u. St. p. 365 und in der von 1272. Lünig 232.

aber die Kolonisten hauptsächlich gekommen sind, ist schwer mit Sicherheit festzustellen[1]), wenn auch die meisten Spuren auf Obersachsen und Thüringen weisen. Bei dem Mangel direkter Nachrichten könnten nur die Namen der Bürger nähere Hinweisungen geben, indess lässt mir die Untersuchung der Namen in dem gleich näher zu erwähnenden Rathskatalog, denen häufig der Geburtsort hinzugefügt ist, wenig Hoffnung auf bestimmtere Resultate. Die Mehrzahl dieser Ortsnamen sind schlesische, und die nicht schlesischen Städte in den verschiedensten Gegenden des deutschen Reiches zerstreut. In den für die Lösung dieser Frage wichtigsten ersten vierzig Jahren dieses Kataloges und in einigen andern Quellen finde ich von Breslauer Bürgern als Nichtdeutsche genannt: Conradus Gallicus (Vita Hedw. Stenzel Ss. II, 71), Dithmarus Ruthenus 1281[2]). Aus Deutschland nach den Landschaften bezeichnet: Conradus Bavarus 1263 (Klose I, 500), Duringus 1314. Deutsche Städte werden als Abstammungsorte Breslauer Bürger folgende aufgeführt: Budissin (Vita Hedw. 71). Cöln 1281, Erfurt 1287, Mülheim 1288, Eger 1294, Rostock 1298, Wien 1290, Grimma 1300, Lubavia (Löbau?) 1302, Mülhausen 1311, Cassel (?) 1314, Lübeck 1315, Linda (Lindau?) 1319, Grütz (hier ist möglicherweise der Ort bei Troppau gemeint) 1328.

Der Rath.

Wie schon erwähnt, lässt sich erst seit der Einführung des Magdeburger Rechts das Auftreten legaler Vertreter der Stadt, Rathmänner und Schöffen urkundlich nachweisen. Nach 1263 begegnen wir denselben bald. Schon eine Urkunde von 1266 führt uns die Rathsherrn dieses Jahres namentlich auf[3]) und nach einer zweiten vereinzelten Aufzeichnung von 1281[4]) beginnt dann mit dem Jahre 1287 der authentische Rathskatalog, welcher nun in ununterbrochener Folge die Rathsherrn und Schöffen bis zum Jahre 1741 mittheilt[5]).

[1]) So sagt auch Stenzel (Tzsch. u. St. Einl. 141).

[2]) Die Jahre ohne Quellenangabe beziehen sich auf den Rathskatalog.

[3]) Klose II, 60.

[4]) Klose II, 61.

[5]) Das Original befindet sich auf dem hiesigen Rathsarchive, ebenso wie eine von Franz Faber in der Mitte des 16ten Jahrhunderts veranstaltete und mit annalistischen Zusätzen versehene Abschrift.

Rathsherrn und Schöffen bilden nun zusammen den Rath (magistratus, consulatus[1]) und theilen unter sich in der allgemein üblichen Weise die Verwaltung und Rechtspflege. Die Rathmänner oder consules wurden nach der in Magdeburg herrschenden Sitte auf ein Jahr gewählt, und die abtretenden Consuln wählten dann selbst ihre Nachfolger[2]). Ausdrücklich legalisirt ward dieser Modus erst im Jahre 1327 durch eine der letzten herzoglichen Urkunden, die Breslau aufzuweisen hat. Der Wechsel des Raths erfolgte regelmässig am Aschermittwoch unverändert bis auf die preussische Zeit. Die abgehenden Konsuln nahmen den neuerwählten den Amtseid[3]) ab, und der Rathskatalog zeigt schon im 13ten Jahrhundert eine häufige Wiederkehr derselben Namen, nur dass sie zwischen Rathstisch und Schöffenbank abwechseln. Die Zahl der Rathsherrn hat sehr geschwankt. Die älteste Aufzeichnung von 1266 hat 5 Mitglieder, eine in vielen Städten übliche Zahl, in Erinnerung an die 5 Sinne des Menschen, wie Herzog Przemislaus von Ratibor es erklärt[4]). Doch schon 1281[5]) finden wir 6, und so bleibt es dann bis 1296, von wo an die Zahl der Rathsherrn auf- und absteigend zwischen 8, 10, 12[6]) schwankt, bis dann im Jahre 1315 die Theilnahme der Zünfte eine wesentliche Modifikation herbeiführt, deren wir noch besonders gedenken werden.

Den Vorsitz im Rathe führt der Magister consulum, der alljährlich zu Pfingsten gewählt zu sein scheint, wie aus einer Rechtsmittheilung der Breslauer an Brieg (zwischen 1266 und 90) zu ersehen ist[7]). Die Befugnisse des Raths waren ursprünglich den Festsetzungen des Magdeburger Stadtrechts entsprechend wesentlich polizeilicher Natur, die Aufsicht über Handel und Verkehr war hauptsächlich ihr Amt, und im Jahre 1277 wird ihnen ausdrücklich uneingeschränkte Freiheit gegeben, das Maass und den Preis aller Arten von Lebensmitteln wie auch des Weines zu bestimmen[8]). Natürlich aber gewannen ihre Befugnisse bei der so schnellen Fortentwickelung der Stadt bald an Bedeutung und Tragweite. Eine solche Erweiterung der Macht des Raths

---

[1]) Dass der Name consulatus nicht blos die Rathsherrn, sondern auch zugleich die Schöffen bezeichnet, erhellt aus den Worten des Berichts über den Aufstand von 1333 (siehe die Beilage 1), wo die Aufständischen klagen, „quod octoviri (d. 8 Rathsherren) et non totus consulatus vellent destruere opus suum."

[2]) Urkunde v. 1261. §. 1. Tzsch. u. St. No. 56 p. 351.

[3]) Der Rathskatalog enthält viele solche Eidesformeln, wie sie den verschiedenen Herrschern geschworen wurden. die früheste aus der Zeit König Johanns. Cod. dipl. Sil. III, 153.

[4]) Urkunde vom 17. Juni 1299 Tzsch. u. St. No. 100 S. 438.

[5]) Wenn Klose II, 60 zum Jahre 1281 nur 5 Rathsherrn aufführt, so kommt dies daher, dass er Zacharias Engilger als einen Namen zusammenfasst, während wir aus dem sonstigen Vorkommen dieser Namen erkennen, dass zwei verschiedene Personen gemeint sind.

[6]) 1296 8 Rathsherrn, 1297: 10, 1298: 12, 1301: 10, 1302: 8, 1312: 6 Rathsherrn.

[7]) Tzsch. u. St. No. 125 §. 31 S. 509.

[8]) Klose I, 535. Copb. f. 190.

zeigt uns schon die Mittheilung des Breslauer Rechts an Brieg, die wir zwischen 1266 und 1290 zu setzen haben[1]). Hier werden seine polizeilichen Befugnisse sehr ausführlich dargestellt, unter diese gehört ausser der Marktpolizei das Aufsichtsrecht über die Innungen (§. 5 und 6), ferner die Sorge für die Sicherheit der Stadt (§. 17), namentlich auch die Feuerpolizei (§. 26) und die Instandhaltung der Wege (§. 34), die Aufsicht über die Trinkstuben und das Spiel darin (§. 11). Natürlich stand den Consuln auch die Verwaltung des städtischen Vermögens zu, und sie hatten Sorge zu tragen, dass demselben Nichts entfremdet werde (§. 12). Auch war ihnen ein gewisses Strafrecht gegeben, in dem sie z. B. Jemandem, der sich dem Rathe widersetzt, die Ausübung seines Handwerks für einen Monat untersagen können (§. 32), dass überhaupt Widersetzlichkeiten gegen den Rath geahndet werden, dazu soll der Vogt seine Hand bieten (§. 36). Was vor einem vollen Rathe beschlossen wird, soll Kraft haben gleich einem gehegten Dinge (§. 33) und der einen solchen Beschluss anficht, den soll man bestrafen (§. 28).

Das Collegium der Schöffen, scabini, welche unter dem Vorsitze des Erbvogtes Recht sprachen[2]), wurde abweichend von der Magdeburger Sitte, wo man die Schöffen auf Lebenszeit erwählte[3]), in Breslau wie in vielen schlesischen Städten[4]) alljährlich neu constuirt übereinstimmend mit den Rathmännern[5]). Offenbar im Zusammenhange mit dieser Modifikation, welche die Magdeburger Einrichtungen in Bezug auf die Schöffen bei uns erlitten, steht die Verschiedenheit des Ansehens derselben hier und dort. Die Breslauer Schöffen, gleich den Consuln nur auf ein Jahr gewählt, konnten das erhöhte Ansehn, welches ihre Magdeburger auf lebenslang bestimmten Collegen genossen, nicht wohl beanspruchen. Während daher in Magdeburg die Schöffen die erste Stelle im Magistratscollegium einnahmen[6]) und z. B. die Mittheilungen des Stadtrechtes und Rechtsbelehrungen ausschliesslich von ihnen ausgestellt wurden, finden wir in Breslau die Schöffen ganz entschieden an Bedeutung den Consuln nachstehend[7]), und die von Breslau ausgehenden Rechtsmittheilungen sehen wir immer vom ganzen

---

[1]) Tzsch. u. St. No. 125 p. 505–9.

[2]) Näheres über die Schöffengerichte siehe unten bei der Darstellung der Vogtei.

[3]) Rechtsmittheilung der Schöffen von Magdeburg an Görlitz. Tzsch. u. St. 105 §. 1 p. 419. Da wurden sie zu rate, daz sie eren Shepphen unde Ratman, die Shepphen zu langir ciet, die Ratman zu eime Jare, vergl. auch die Rechtsmittheilung an Schweidnitz von 1363. Tzsch. u. St. 181 p. 587.

[4]) Vergl. Tzsch. u. St. Einl. p. 215.

[5]) Das häufige Alterniren derselben Personen zwischen Raths- und Schöffenkollegium, wie es uns gleich beim Beginn unseres Rathskataloges entgegentritt, spricht durchaus für denselben Wahlmodus bei Beiden.

[6]) Rathmann Geschichte von Magdeburg II, S. 195 (aus der Schöppenchronik).

[7]) Nicht nur, dass diese überall in den Urkunden vorausgestellt werden, wir sehen auch in den Kämpfen zwischen

Rathe ausgestellt, in anderen stellen die Rathsherrn allein solche Urkunden aus, und die Schöffen werden nur als Zeugen anwesend genannt[1]). Die Zahl der Schöffen, eilf, ist vom Jahre 1287 bis auf die preussische Zeit unwandelbar bestimmt geblieben[2]).

Neben dem Rath und den Schöffen nimmt an wichtigen Amtshandlungen auch noch in gewisser Weise die Gemeine unmittelbar Theil, in dem sich in solchen Fällen der Rath den Beirath und die Zustimmung der angesehensten und erfahrensten Mitbürger (seniores) einholt, wie ja auch schon das Magdeburger Recht die Mitwirkung der „wisesten" Leute verlangt[3]). Diese (und später auch noch die Geschworenen der Zünfte) gehören zu einem „vollen Rate[4])" und die ältesten werden auch verpflichtet, wenn sie vom Rathe besendet werden, zu erscheinen und nach bestem Wissen ihren Rath zu ertheilen[5]). Den nächsten Anspruch darauf, in solchen Fällen zugezogen zu werden, scheinen die Consulare der verflossenen Jahre gehabt zu haben, wie denn in der erwähnten Rechtsmittheilung an Brieg für den Fall, dass die Rechtmässigkeit eines Beschlusses des Raths angefochten wird, der Beirath derer, welche in den letzten 3 Jahren Rathmänner gewesen sind, ausdrücklich gefordert wird[6]). Wenn Rössler in seiner Einleitung zum altprager Stadtrechte (p. XLVIII), wo er auch die seniores antrifft, annimmt, dass diese einen grösseren Ausschuss der Bürgerschaft gebildet hätten, so hege ich, wenigstens was Breslau anbetrifft, Zweifel, ob man hier einen solchen Ausschuss, der doch nach einem festen Modus gewählt und aus einer bestimmten Anzahl von Mitgliedern bestehend gedacht werden müsste, annehmen darf, ich glaube vielmehr, das Heranziehen der seniores mag ganz in der Willkür des Raths gestanden haben, wie dies auch §. 27 unserer Urkunde auszudrücken scheint. Die Rathmänner und Schöffen erhalten keinen Gehalt[7]), nur die Stadtschreiber sind besoldet, der Notar Peter erhält 1301 12 Mark Gehalt und 8 Mark für die Klei-

---

Patriziern und Zünften die Ersteren den Eintritt ins Schöffenkolleg als gleichgültiger viel eher preisgeben, als den in den eigentlichen Rath.

[1]) Urkunde f. Löwenberg 1292. Tzsch. u. St. No. 87 p. 417.

[2]) Wenn Stenzel (Tzsch. u. St. Einl. 216), auf Klose II, 61 gestützt, zwischen 1287 und 1327 ein Steigen der Zahl von 10 auf 11 angiebt, so beruht dies auf einem Irrthum Kloses, der Willherus und Godinus als eine Person genannt hat.

[3]) Tzsch. u. St. No. 56 §. 1 p. 351.

[4]) Dieser Ausdruck begegnet uns mehrfach Tzsch. u. St. No. 102 p. 443 u. No. 125 §. 33 p. 509.

[5]) Ebendas. §. 27.

[6]) Diese merkwürdige Bestimmung lautet (§. 28): Wir wollen, das was mit Rate der Eldesten, von den Ratluyten gered und gemacht wird, ob von sulchen Dingen (adir) dy sust mit Rate gemacht werden undir in, eynir, welchir das were, von ymande vordacht wurde, odir Keynirleye Vede kegen eyme vor den andirn ymand haben wolde, do zu sullen dyselben von unsirme Geheyse zu Hulfe haben alle dy, dy vor dryen Jaren an dem Rate sin gewesen, do zu dy noch in den Rat kumen, do zu dy Gesworneu alle von der Stat, do zu alle dy, dy in der Stat Recht unde Rat geben unde nemen, also lange, bis sy is zu Rechte bringen.

[7]) Dies ist dann bis auf die preussische Zeit so geblieben.

der[1]). Natürlich aber erhalten auch die Consuln, wenn sie im Auftrage des Raths auswärts beschäftigt sind, Reisekosten und Diäten[2]), letztere auch wohl unter Umständen in der Stadt selbst[3]). Die Consuln mussten auch eine gewisse Geldstrafe (1 Skot) zahlen, wenn sie die Sitzungen versäumten[4]). Endlich soll Niemand, der „Gerichtes pflegt" in der Stadt oder draussen einen feilen Kretscham (Schenke) haben dürfen[5]).

Die Vogtei.

Mit dem Landesfürsten setzte sich, wie wir sahen, die Stadt in ihrer ersten Entwickelung auf das Freundlichste auseinander. Dieser hatte ja ein unzweifelhaftes und unmittelbares Interesse an dem Aufblühen der Stadt, und wenn diese Ueberzeugung durch bereitwillige Geldspenden von Seiten der Bürgerschaft immer wach erhalten wurde, war die Verständigung nicht schwer. Die mittelalterlichen Fürsten wurden sich weiter greifender Zwecke des Regimentes, als der ihres fürstlichen Lebens, ihrer Einkünfte und persönlichen Sicherstellung selten bewusst, und hatten namentlich weder Lust noch Veranlassung, sich in die schwer verständlichen Verhältnisse und Bedürfnisse der unruhigen Stadtgemeinden einzumischen, so lange sie ihnen Steuern und Gaben und den Schutz ihrer Mauern gewährten, und nicht allzuschwierig wurden, der fast ununterbrochenen Finanznoth durch Geschenke, Darlehne und Leistungen aller Art zu Hülfe zu kommen.

Dagegen hatten die deutschen Städte grade durch die Art und Weise der Neugründung einen Pfahl ins Fleisch erhalten, der ihnen sehr unbequem war, es gab in ihrer Verfassung ein Element, welches ihren Interessen gradezu feindlich schien und welches der natürliche Entwickelungsprozess nothwendig ausscheiden oder sich in irgend einer Form assimiliren musste. Dies war die Vogtei. Die Neugründung der Städte nach deutschem Rechte, das Heranziehen

[1]) Henr. paup. p. 6. Wenn man den Geldwerth mit in Anschlag bringt, entspräche dies doch einem Gehalte von 1000 Thlrn. nach den heutigen Verhältnissen.

[2]) Mehrfache Beläge dafür im Henr. paup. p. 5 u. 6.

[3]) p. 5. cons. 1 m. in consistorio, cum congregarunt concessum argentum.

[4]) p. 131. [5]) Tzsch. u. St. p. 507 §. 16.

der Colonisten und was Alles dazu gehört, sehen wir überall einem Einzelnen, meist einem Adligen aus der Umgebung des Fürsten in Entreprise gegeben, und dieser wird für sein Risiko oder seine dabei aufgewendete Mühe durch eine Reihe von Renten und Gefällen namentlich aus der Gerichtsbarkeit in der neugegründeten Stadt entschädigt, welche ihm erblich überlassen wurden. Dieser Mann, der locator oder, wie er gewöhnlich genannt wird, der Erbvogt, advocatus oder judex haereditarius, der nichtsweniger als ein Beamter oder Stellvertreter des Landesfürsten, sondern vielmehr durch die Erblichkeit seiner Rechte von diesem unabhängig hingestellt war, musste mit seinen Ansprüchen jeder Stadt, so wie dieselbe sich einigermassen consolidirt hatte, in hohem Grade unbequem erscheinen. War schon bei der Geschlossenheit der damaligen Standesverhältnisse die Einmischung eines dem Hofkreise angehörigen Adligen in die inneren Verhältnisse der Bürgerschaft höchst widerwärtig, so konnte es auch nicht fehlen, dass der erklärliche Wunsch des Vogtes, seine Erträge möglichst auszudehnen, zu Conflicten mit der Bürgerschaft führte, und namentlich musste bei jeder Erweiterung der Stadt, bei jeder Neugründung gewerblicher Etablissements die unvermeidliche Frage, in wie weit durch solche Veränderungen auch die Gefälle an die Vogtei erhöht würden, Verwickelungen hervorrufen. Der Kampf gegen die Vogtei war also für eine aufstrebende deutsche Stadt ganz unvermeidlich, und diesen hatte denn auch unser Breslau noch im 13ten Jahrhundert begonnen.

Fragen wir nun näher eingehend nach der Stellung, welche hier die Bewidmung mit deutschem Rechte der Vogtei zuwies, so können wir nur wieder bedauern, dass uns die Gründungsurkunde Breslaus vom Jahre 1242 verloren gegangen ist, welche uns allein vollständig darüber aufklären könnte. Urkundlich fest steht für die älteste Zeit nur soviel, dass dem Vogte neben seinem Freihause[1]) hier wie überall der Vorsitz im Schöffenkollegium und der dritte Theil der Gerichtsgefälle zustand, und diese Einnahmen erscheinen hier insoweit erhöht, als nicht nur der Gerichtsbezirk der Stadt über den engeren Bezirk der Stadt hinaus erweitert[2]), sondern auch abweichend von der sonst herrschenden Sitte den städtischen Gerichten nicht nur die niedere, sondern auch die höhere Gerichtsbarkeit übergeben ward[3]). Ebenso werden hier vor dem Vogteigerichte schon im Jahre 1263 alle Ritter, Vasallen, Lehusleute und Adlige, die im Bres-

---

[1]) Dass ein solches auch der Breslauer Vogt besessen, erhellt aus der Urkunde vom 4. Mai 1287, es lag an der Stadtmauer. Löulg p. 233.

[2]) Urkunde von 1261. Tzsch. u. St. p. 365.

[3]) Urkunde für die Breslauer Neustadt vom Jahre 1263 (Tzsch. u. St. p. 405): ipsum judicium in maximis et gravibus atque minimis causis sicut judex Wratislavie suum tenet.

lauer Kreise wegen Geldschuld, Plünderung, Raub, Mord und Brand verklagt würden[1]), gerichtet, und für alle Verbrechen, die innerhalb des Weichbildes der Stadt von wem immer verübt wurden, galt das Forum der städtischen Gerichte, es durfte sogar das Eigenthum der Ritterschaft hier wegen Geldschulden mit Beschlag belegt werden[2]).

Erscheinen so die Befugnisse des Breslauer Vogtes soweit sie mit der Jurisdiktion zusammenhängen, als besonders ausgedehnt, so lassen sich dagegen die Ansprüche, die sonst der Vogt in den meisten Städten auf Zinsen von den gewerblichen Lokalitäten hatte[3]), hier nicht nachweisen, und wenn die mehrfach angezogene Urkunde von 1263 für die Neustadt[4]) die Zinsen von den Verkaufsstätten der Handwerker, Mühlen und Badstuben als nach dem Magdeburger Recht den Vögten gewöhnlich zukommende Renten betrachtet, so geben uns die vorhandenen Breslauer Urkunden nicht im Mindesten ein Recht, dies auch auf Breslau anzuwenden, vielmehr sehen wir, wie Herzog Heinrich III. im Jahre 1266 24 Fleischbänke und 47½ Reichskrame, sowie auch den Marktzoll in Breslau verkauft, ohne dass dabei des Vogtes gedacht wird[5]). Es kann dabei nicht geleugnet werden, dass der Vogt auch hier in Breslau neben seinen Einkünften aus den Gerichtsgefällen noch andre Renten besass, wir werden Spuren von solchen in der weitern Entwickelung des Instituts der Vogtei, die wir jetzt versuchen wollen, antreffen; das Eine lässt sich aber bestimmt behaupten, dass dieselben hier nicht nur weniger bedeutend als andrer Orten gewesen sind, sondern auch einen Schluss auf die Zuständigkeit des Vogtes über die polizeiliche und eigentliche Gerichtsbarkeit hinaus nicht begründen.

Die erste namentliche Erwähnung eines Breslauer Vogtes finden wir beim Jahre 1281, wo ein Erbvogt Heinrich genannt wird[6]). Die Analogie andrer Städte spräche dafür, in ihm einen Adeligen zu sehen[7]), doch steht dem die in der Hedwigslegende vorkommende zweimalige Anführung eines „Siffridus civis et frater judicis Wratizlaviensis“ entgegen[8]). Dass die später in den Besitz der Vogtei gelangte Familie Schertelzan den Kreisen der Bürgerschaft angehört,

---

[1]) Lünig a. a. O. p. 231. Klose I, 499.

[2]) Nach einem Weisthume der Breslauer für Glogau vom Jahre 1302. Tzsch. u. St. 443.

[3]) Eine Zusammenstellung der Vogteigefälle in den schlesischen Städten findet sich in der Einleitung zu Tzsch. u. St. S. 182.

[4]) Tzsch. u. St. p. 405.

[5]) Klose I, 500 u. 501. Copialbuch des Provinzialarchives p. 202. 195, 138.

[6]) Lünig 232.

[7]) Stenzel sagt in seiner Einleitung (Tzsch. u. St. 181): „Dem Stande nach scheinen die Unternehmer sämmtlich zum Adel gehört zu haben, was bei einigen gewiss ist.“

[8]) Stenzel Ss., II p. 61 u. 78. An beiden Stellen ist von wunderthätigen Heilungen die Rede, welche jener Siffridus am Grabe der heiligen Hedwig, und zwar vor deren Canonisation erlangt hat, also zwischen 1243 u. 1267.

zeigt der Rathskatalog auf das Deutlichste, um's Jahr 1272 sehen wir eine patrizische Familie die Stillephoits, in den altstädtischen Consularfasten schon 1389 vorkommend, im Besitze der neustädtischen Erbvogtei[1]). Zwischen jenem Heinrich und der Bürgerschaft war es nun zu Streitigkeiten gekommen, wegen deren sich die Consuln mehrfach klagend an Heinrich III. gewendet hatten. Als nun im Jahre 1281 die Breslauer mannhaft dem Ansturme dreier feindlicher Heere widerstanden hatten, belohnte sie der Herzog durch eine ihnen durchaus günstige Beilegung jener Streitigkeiten. Die Urkunde hierüber ist nach mehreren Seiten hin so wichtig, dass sie ihrem Hauptinhalte nach wohl mitgetheilt zu werden verdient. Der Herzog sagt darin, die Consuln Breslaus hätten sich schon öfter beschwert, dass der Erbvogt Heinrich sie in vielen Dingen, die ihn Nichts angingen, ungebürlich beschwere[2]). Deshalb habe er nach reiflicher Berathung mit seinen Baronen jenem einen Tausch angeboten und ihm für die Erb-Vogtei in Breslau und das dazugehörige Haus das Landgut Luckowitz[3]) zum erblichen Eigenthum gegeben. Und damit die Bürger im Falle, dass der Herzog die Vogtei wieder vergiebt oder verkauft, nicht unrechtmässig beschwert werden, setzt er dessen Rechte genau fest und bestimmt, dass wenn eine Rechtssache an die zweite Instanz, das Hofgericht, gezogen wird, der Vogt nur den ihm gebührenden Antheil an den für solchen Fall deponirten 30 Solidis haben soll[4]).

Ferner soll der Vogt in keiner Sache, die an Hals und Hand geht, Jemanden mit mehr als 10 Mark beschweren[5]), wovon ⅔ der judex provincialis, ⅓ der Erbvogt erhalten soll. Endlich sollen bei allen vor die zweite Instanz des Hofrichters gebrachten Sachen die Breslauer Stadtschöffen nach dem Stadtrecht Recht sprechen, unbeschadet jedoch der höhern Strafe, welche dem Herzog gebührt, und unter dem Vorsitze des Hofrichters[6]). Die merkwürdige Bestimmung, dass die städtischen Schöffen in zwei Instanzen das Urtheil finden sollen, findet sich noch zwei-

---

[1]) Repertor. Heliae (Prov.-Arch. f. 498 oben. Dass der hier genannte Godeko derselbe ist, dem sonst der Beiname Stillevoyt (offenbar mit Beziehung auf seine Vogtei) gegeben wird, erhellt aus der Vergl. m. der Urkunde von 1269, Sommersberg I, 328.

[2]) Löwig 233: in multis causis et negotiis eum non contingentibus indebite aggravaret.

[3]) In einer Urkunde vom 22. Februar 1311 ist von dem Gute quondam judicis Henrici a. d. Lohe die Rede. (Rep. Frob. I. 70 Prov.-Arch.)

[4]) Advocatus nihil debeat habere — nisi quantum ipsum contigerit in perceptione 30 solidorum. Den Inhalt dieser Urkunde hat Klose I. 540 keineswegs genau wiedergegeben und namentlich diese Stelle durch ein ohne allen Grund eingeschobenes „und“ ganz entstellt. Jenen Antheil an den 30 solidi („das Gewedde“) erhält übrigens der Vogt selbstverständlicher Weise nur dann, wenn der zweite Urtheilsspruch dahin entschieden hat, dass der Appellirende das erste Urtheil „zu Unrecht gescholten“ hat.

[5]) — — non gravet aliquem — ultra 10 marcas usualis ponderis.

[6]) — — ibidem scabini nostrae civitatis Vratisl. sedere debeant et dare sententias et secundum jus Civitatis judicare.

mal wiederholt in einem Weisthume der Breslauer für Glogau [1]) v. J. 1302 und in einer Urkunde Heinrichs VI. für Breslau v. J. 1313 [2]) und in keiner dieser Urkunden findet sich ein Anhalt für die Annahme, dass etwa in erster Instanz nur ein Theil der Schöffen und erst in der zweiten das gesammte Collegium oder dass zwei verschiedene Abtheilungen der Schöffen in den zwei Instanzen gesessen hätten. Deshalb weiss ich auch keinen andern Ausweg, als der Vermuthung Stenzels [3]) beizupflichten, welcher dem Vorsitzenden mehr Einfluss auf das Zustandekommen des Urtheils eingeräumt wissen will, als man sonst glauben wollte. Auf eine derartige Vermuthung scheint doch auch die Bestimmung der Urkunde zu führen, welche dem Vogte ein Maximum der Geldbusse vorschreibt, während nach der gewöhnlichen Annahme das gesammte Urtheil, also auch das Strafmass müsste von den Schöffen abgehangen haben.

Was nun die Vogtei anbetrifft, so hat der Herzog dieselbe wieder sehr bald vergeben oder, was viel wahrscheinlicher ist, verkauft, da ja Heinrich IV. bei seinen vielen Kriegen häufig in Geldverlegenheit war. Dieselbe kam jetzt in die Hände einer Breslauer Patrizierfamilie, der Schertelzans, und zuerst i. J. 1293 begegnet uns Wernher Schertelzan [4]), hereditarius advocatus in Wratislavia, als Zeuge bei einer Rechtsmittheilung für Goldberg [5]).

Dass auch jetzt wieder mit der Vogtei eine curia, ein von städtischen Abgaben freies Haus verbunden war, ersehen wir aus einem Weisthume der Breslauer für Glogau v. J. 1315 [6]). Wenn der Herzog Heinrich IV. gehofft hatte, durch die genaue Festsetzung der Rechte des Vogtes (i. d. Urk. v. 1281) künftigen Streitigkeiten vorzubeugen, so hatte er sich aber sehr getäuscht, auch die Schertelzans belästigten wieder die Bürgerschaft auf die empfindlichste Weise durch äusserst umfassende Ansprüche, und in den stürmischen Zeiten nach dem Tode Heinrichs V. (1296) fand sich für die Breslauer keine günstige Gelegenheit zu ihrem Rechte zu kommen, bis i. J. 1305 endlich, als der junge Herzog Boleslaus aus Prag zurückkam, es den Breslauern gelang, sicher nicht ohne bedeutende finanzielle Opfer, den verschwenderischen und daher immer geldbedürftigen Fürsten ganz für ihr Interesse zu gewinnen und nun neben vielen andern wichtigen Dingen auch die Vogtei-Sache zu einem für sie günstigen Austrage

[1]) Tzsch. u. St. Nro. 102 § 7. p. 445.

[2]) Klose I, 614. Coph. f. 191.

[3]) Tzsch. u. St. Einl. S. 216.

[4]) In einer Urk. v. 27. Juli 1281 finde ich denselben und zwar hier noch einfach als Breslauer Bürger erwähnt. (Landbücher des Prov. Arch. A. maj. vet. fol. 6.)

[5]) Tzsch. u. St. Nro. 87 p. 417. Während in den ersten Zeiten des deutschen Rechtes die Bezeichnung judex et cives häufig ist, erscheint hier der Erbvogt blos als Zeuge hinter den übrigen seniores, zu denen er selbst gerechnet wird, wie der Zusatz „et alii quam plures" zeigt. Es spricht aus dieser Vergleichung das gesunkene Ansehen des Vogtes.

[6]) Tzsch. u. St. 118. §. 6. p. 497.

zu bringen. So erklärt denn Boleslaus unter dem 17. Febr. 1306[1]), es seien zwischen den Consuln Breslau's und dem Erbvogte Wernher Schertelzan nebst dessen Sohne Dietrich[2]) Streitigkeiten über verschiedene Angelegenheiten entstanden, nämlich über die Gebäude, welche die Stadt auf ihrem Grund und Boden errichtet hat oder errichten will, über die Nutzniessung der Weideplätze, über die Eintritts- und Strafgelder der Innungen[3]), und diese Streitigkeiten sind nun durch (von dem Herzog oder den Parteien?) gewählte Schiedsrichter entschieden worden und zwar in der Art, dass der Erbvogt und sein Sohn für immer auf jene Ansprüche zu verzichten haben. Der Vogt soll nur den 3ten Pfennig vom Gerichte haben[4]). Auch wird der Vogt und sein Sohn verpflichtet, den bei diesem Streite Betheiligten keine Feindschaft nachzutragen, noch auch zwischen den Bürgern der Alt- und Neustadt Streit zu erregen. Noch werden in der Urkunde als Schiedsrichter 7 von den 8 Consuln des Jahres 1305 genannt nebst einigen Andern aus den Seniores der Stadt[5]), so dass die Zusammensetzung solches Schiedsgerichts uns höchst befremdlich und wenig unparteiisch erscheinen muss. Es war natürlich, dass die Vögte über die Verfahrungsweise der Fürsten, welche ihre Ansprüche so schlecht unterstützten, laute Klagen erhoben und Heinrich VI. sah sich dadurch veranlasst, i. J. 1321 den Schertelzans zur Entschädigung die Landvogtei in der Neustadt (d. h. ⅔ der Gerichtsgefälle, der Stadtvogt erhielt bekanntlich nur ⅓) zu überlassen[6]). Definitiv wurde die Streitigkeit zwischen Vogt und Bürgerschaft erst durch den Ankauf der Vogtei Seitens des Rathes 1326 (richtiger 1324) beendigt, worauf wir noch zurückkommen werden.

---

[1]) Tzsch. u. St. Nro. 106 p. 478.

[2]) Ich finde denselben schon i. J. 1305 in einer Urk. vom 26. Mai allein als Erbvogt angeführt. Cop. St. Clare f. 131 Prov. Arch.

[3]) Man sieht, wie wenig auch in Breslau die Vögte geneigt waren, sich mit dem Antheil an den Gerichtskosten zu begnügen. Nirgends kann man das Umfassende der Ansprüche der Vögte besser erkennen, als aus dem Weisthume der Schweidnitzer f. Ratibor v. J. 1293 (Tzsch. u. St. Nro. 91 p. 420), wo fast jeder Paragraph mit einer ausdrücklichen Verwahrung gegen Ansprüche des Vogtes schliesst. Die Eintrittsgelder der Innungen erhob 1273 urkundlich die Stadt zu ⅔ und die Innung ⅓. Siehe unten den Abschnitt über die Zünfte, S. 32.

[4]) — — solum nudum tercium denarium de judicio obtinebit.

[5]) Presentibus nostris fidelibus (folgen 6 Namen) et arbitris ad hoc electis, qui tunc consules civitatis extiterunt (folgen 7 Namen) et Brunone de Olsnitz Conrado, juvene Plessil, Theodrico antiquo Schartelsan et Fritschone, nostro prothonotario, decano Glogoviensi et canonico Wratislaviensi, cujus manibus presencia conscribuntur. Von dem durchaus richtigen Abdruck der Urk. habe ich mich durch Vergl. mit dem Original überzeugt.

[6]) Lünig p. 237, Klose I, 620.

Das Patriziat in der ältesten Zeit.

Wir haben gesehen, wie bald, nachdem das deutsche Breslau überhaupt entstanden, es auch einen hohen Grad von Selbständigkeit erlangt und in deren Weiterentwickelung überraschende Fortschritte macht, wie es das Element, welches einer solchen allein im Wege stehen konnte, die Vogtei, zu beschränken und endlich zu beseitigen vermag. Dagegen blieben auch unserer Stadt jene inneren Kämpfe nicht erspart, welche in den Chroniken aller grösseren Städte zahlreiche Seiten füllen. Dieselben drehen sich um die Frage, wer von der Bürgerschaft zur Theilnahme an der Regierung berechtigt sein soll und knüpfen sich an den Gegensatz der Patrizier oder des Stadtadels und der Zünfte.

Dass es nun in Breslau schon in der ältesten Zeit ein Patriziat, d. h. eine Klasse von Bürgern gegeben hat, welche ein erhöhtes Ansehen vor den Uebrigen und das ausschliessende Recht, die regierenden Beamten aus ihrer Mitte zu wählen, in Anspruch nahmen, zeigt uns der Rathskatalog auf das Deutlichste. Wir sehen aus diesem, dass die Consuln und Schöffen fast ausschliesslich aus einem bestimmten Kreise von Familien genommen wurden, wie dies bei der üblichen, auf dem Prinzipe der Cooptation beruhende Wahlmethode sehr wohl thunlich war. Diese Familien bilden also das Patriziat, oder wie in der Urkunde gesagt wird, die seniores [1]), aus denen nicht nur der Rath gewählt, sondern die auch, wie wir sahen, noch ausserdem zu den Sitzungen zugezogen wurden.

Wer sind nun aber diese seniores und wie kommen sie zu ihrer bevorrechteten Stellung? Dass wir das Wort buchstäblich zu nehmen und eine Art von Gerusia zu denken hätten, wird Niemandem einfallen [2]), dagegen läge es nahe, an einen Adel der Geburt zu denken, der jene Auszeichnung einem Kreise von Familien gesichert hätte, wie dies in mancher andern Stadt z. B. in Erfurt der Fall war — und dies scheint sich von Einigen wirklich zu bestättigen. So sagt Klose [3]), nachdem er einige Consuln namentlich angeführt: „Dass mehrere von Adel darunter gewesen, darf ich wohl nicht erst erinnern" und Stenzel [4]) hiermit übereinstimmend: — „in den Städten bestanden die vornehmen oder eigentlichen Bürger nicht aus den Handwer-

[1]) Diese Bezeichnung ist nicht nur in den schlesischen Städten allgemein üblich, sondern auch in Prag (Rössler Einl. p. XLVIII.).

[2]) Anführungen wie die eines Conradus juvenis unter d. seniores (Tzsch. u. St. 106 p. 478) sprächen schon dagegen.

[3]) II. S. 61.

[4]) Schles. Gesch. S. 233.

kern, sondern aus den Adeligen und Kaufleuten, welche somit die gesammte Verwaltung des städtischen Wesens in ihrer Hand behielten. Beide Historiker sind uns aber die Beweise für jene Behauptung schuldig geblieben, und ich habe diese mir dadurch zu verschaffen gesucht, dass ich die in den Urkunden jener Zeit genannten Zeugen durchmusterte und mich überzeugte, ob sich nicht unter den vielen dort ausdrücklich als Ritter Aufgeführten ein Name finde, der den Patriziergeschlechtern, wie sie der Rathskatalog nennt, angehörte. In der That scheinen hiernach mehrere der Familien, welche am Frühesten in unserm Rathsverzeichniss auftreten, ursprünglich Adelsgeschlechter zu sein, so die Colners, die de Pomerio (v. Baumgarten?) die Plessels, die Mühlheims, die Cindals [1]). Dem entsprechend erscheint auch unter den Consuln des Jahres 1288 ein Wernherus scultetus de Bork [2]), bei dem man, da die Vogteien doch meist nur an Adlige vergeben zu werden pflegten [3]), doch nicht leicht an einen Breslauer Kaufmann denken kann. Also es gab Adlige unter den ältesten Patriziern, doch ist in Wahrheit nicht so viel damit gesagt, als wohl scheinen könnte, denn worauf am Ende doch Alles ankommt, es spricht nichts dafür, dass diese Adligen ein Standesprivilegium gegenüber den andern Seniores geltend gemacht hätten, es unterscheidet sie durchaus Nichts von den reichen Kaufmannsfamilien, wir sehen sogar z. B. die von Reste und von Cindal selbst Handel treiben und Geldgeschäfte machen [4]). Das ganze Regiment der Stadt hat einen durchaus bürgerlich kaufmännischen Charakter, sehen wir doch schon, wie selbst die Vogtei (nach 1281 gewiss und vor 1281 wahrscheinlich) in den Händen einer Bürgerfamilie war, und die seit dem Anfang des 14. Jahrhunderts vorhandenen Rechnungsbücher der Stadt zeigen deutlich, wie die angesehensten Patrizier Handel treiben und ebenso die Urkunden, wie eifrig sich der Rath um Handelsprivilegien bemüht, so dass wir am Richtigsten noch, wie es eine Hainauer Urkunde v. 1359 direkt ausspricht [5]), die Seniores zum grössten Theile als Kaufleute uns denken können.

[1]) Gisco Colner 1305 judex curiae Wrat. Sommersbg. I, 421, 1306, Tzsch. u. St. Nro. 106, 1320, Lünig 237. 1321 ebendas. Hanco Colner 1323, Lünig 239, Mathias v. Mühlheim 1323 und 29, Tzsch. und St. Nro. 133 u. 39, Paulus de Pomerio 1336 ebendas. Nro. 147, Joh. Plesseleni das. Nro. 143, Peczco de Cindal 1369 das. Nro. 177. Johann de Reste 1329, Sommersberg I, 635, welche sämmtlich theils ausdrücklich wie bei Math. v. Mühlheim, Joh. Plessel und Joh. de Reste als Ritter, theils als fideles oder domini bezeichnet werden, während sonst die fideles und domini genau von den cives unterschieden werden, z. B. 1293 praesentibus fidelibus nostris .... et civibus Lignicensibus ...., Tzsch. u. St. Nro. 92 u. ebenso 1280 praesentibus dominis .... et civibus Lignicensibus, Tzsch. u. St. Nro. 71, vergl. Tzsch. u. St. Einl. S. 181. Und gerade die angeführten Namen begegnen uns zugleich in den frühesten Aufzeichnungen des Raths: 1287 Ditmar de Pomerio, Nic. Plessel consules, Petrus Colner, Heidenricus de Mülheim, Conradus Plessel scabini, 1288 Thilo de Cindal, 1290 Conr. de Reste.

[2]) Borck jetzt Grossburg zw. Breslau and Strehlen. Tzsch. u. St. Einl. S. 130.

[3]) Tzsch. u. St. Einl. S. 181.

[4]) Henr. pauper p. 18.

[5]) De numero seniorum seu mercatorum, Tzsch. u. St. Nro. 167 S. 570, ganz ebenso ist es in Prag gewesen. Rössler Einl. p. XLIX.

Ja, dass der Bürgerstolz sogar nicht ohne Schroffheit dem Landadel sich gegenüberstellt, zeigt recht deutlich folgende Bestimmung der erwähnten Rechtsmittheilungen an Brieg [1]). Wenn ein Mädchen oder Weib wider ihrer Eltern Willen einem Manne folgt, die verliert ihr rechtes Erbtheil, entführt der Mann eine mit Gewalt, so ist er des Todes schuldig, entkommt er aber, so soll er keine Wohnung mehr in der Stadt haben und keine Ansprüche an seines Schwiegervaters Gut oder Erbe. Und will dieser Letztere seinem Eidam und der Tochter eine Hülfe gewähren, der muss sein Gut in der Stadt verkaufen, dann mag er zu dem Eidam ziehen, wohin er will. Davon, dass die Kaufleute als solche in jener Zeit hier eine geschlossene Gesammtheit, eine Gilde mit besonderen Corporationsrechten gebildet hätten, finde ich keine Spur, und ebensowenig ist daran zu denken, dass alle Kaufleute eo ipso zu den Seniores gehört hätten, sondern dies waren eben nur die ältesten und angesehensten Kaufmannsfamilien [2]), und die Form der jährlichen Rathserneuerung war das hauptsächlichste Mittel, um diese Zahl wesentlich beschränkt zu erhalten [3]).

Wie wir diese Familien nun bald im Besitze von bedeutendem Grundeigenthume sehen, wie wir die Vogtei der Altstadt und selbst die der Neustadt schon im 13. Jahrhundert in ihren Händen erblicken [4]), so erwerben auch vorzugsweise sie grössere gewerbliche Etablissements, welche beträchtlichen Gewinn abwarfen, Fleischbänke, Mühlen, Fischereien oder erkauften Zölle [5]). Nun war bei dem von der Kirche aufrecht erhaltenen Verbote, Geld auf Zinsen zu verleihen, die vortheilhafte Anlegung eines Kapitals nicht ohne Schwierigkeiten und jede Gelegenheit dazu der Gegenstand grosser Concurrenz. Wer wollte da zweifeln, dass die regierenden Herren der Stadt auch nach dieser Seite hin wohl für sich zu sorgen und ihren politischen Einfluss anzuwenden wussten, um solche vortheilhafte Ankäufe oder Entreprisen sich zu sichern, und dass es ihnen ebenso leicht gelingen konnte, bei Streitigkeiten mit der öffentlichen Gewalt, wie sie z. B. Mühlenbetrieb und Fischerei so leicht herbeiführen, günstige Entscheidungen von ihren Standesgenossen zu erlangen. Ein eigenthümliches und sehr lukratives Geschäft sehen wir im Anfang des 14. Jahrh. die Breslauer Tuchkaufleute (gleichfalls alle Patrizier) machen, welche dem Rathe mehrfach Quantitäten Tuch überlassen, während die-

---

[1]) Tzsch. u. St. p. 507, § 19.

[2]) Die einzige mir bekannte Stelle, wo solche seniores namentlich aufgeführt werden 1292 (Tzsch. u. St. p. 417) nennt nur Namen, die im Rathskatalog vorkommen, und die Stelle in der erwähnten Rechtsmittheilung an Brieg (ebendas. Nro. 125, § 28, p. 508), welche die Zuziehung der Consulare der letzten 3 Jahre vorschreibt, stimmt damit überein.

[3]) Ganz ebenso schildert Rössler die ältesten Verhältnisse in Prag. Einl. p. XLIX.

[4]) Vergl. o. S. 23 u. 24.

[5]) Belege siehe bei Klose I, 501, 516, 527, 599, 601, 615, 617, 621, 629, 632. Die an diesen Stellen aufgeführten Breslauer Bürger gehören fast ohne Ausnahme dem Patriziat an, d. h. den Familien, welche der Rathskatalog aufführt.

ser das Geld dafür erst später nach und nach abbezahlt. Der Rath muss seinerseits sorgen, wie er die Tücher verkaufen kann und mag sich den dabei resultirenden Verlust als Zinsen der Anleihe rechnen, welche eigentlich das ganze Geschäft vorstellt[1]).

Dies Alles zusammenfassend können wir sagen, dass, wenn es im Anfange wesentlich der Reichthum gewesen war, der den Breslauer Patriziern ein erhöhtes Ansehn, eine höhere politische Macht verliehen hatte, so war es wieder umgekehrt ihre politische Stellung, welche dazu helfen musste, ihren Reichthum zu vermehren. Sie thaten, was in allen Aristokratien geschehen ist und geschehen wird, und die Breslauer Rathsherren hätten schlechte Kaufleute und Spekulanten sein müssen, um nicht einzusehen, dass der Stab des Herrschers in kluger Hand sehr leicht als die Wünschelruthe des Reichthums benützt werden kann.

Schliesslich braucht es wohl kaum noch besonders bemerkt zu werden, dass die Patriziernamen, welche der Rathskatalog aufführt, fast ohne Ausnahme deutsche sind. Dass wir uns in einem slavischen Lande befinden, merken wir eigentlich nur aus der sehr häufig slavisch geformten Umbildung der Vornamen[2]).

Die Zünfte und ihre früheste Theilnahme am Rath.

Diesen regierenden Herren stand nun die Masse der Regierten gegenüber. Aber natürlich gab es auch unter diesen sehr wesentliche Standesunterschiede. Ganz abgesehen von den minder angesehenen Kaufleuten, den Patriziern im weiteren Sinne des Wortes, hob sich von dem grossen Haufen der Tagearbeiter und Knechte, dem niederen Volke, scharf gesondert ein Mittelstand ab, der der Handwerker, die in bald fest abgeschlossene und mit besonderen Rechten ausgestattete Corporationen, Innungen oder Zünfte gesondert, schnell zu einer Macht werden mussten, welche sich nicht ohne Erfolg der Alleinherrschaft der Patrizier widersetzen konnte.

Handwerker hat es natürlich gegeben so lange Breslau besteht, aber dieselben haben unzweifelhaft die Abhängigkeit und Unselbständigkeit der übrigen slavischen Bewohner

[1]) Henricus pauper. p. 20 u. Anm. 5 dazu. Andere ähnliche Fälle weist das Register unter pannl nach.

[2]) Peczco, Franczco, Rudlo, Gisco, Niczco, Hanco.

getheilt. Ebenso zweifle ich nicht, dass es auch deutsche Handwerker vor der Einführung des deutschen Rechts gegeben hat, herbeigezogen zuerst durch deutsche Klostergeistliche, und die ersten Anfänge zünftischen Wesens, die Einrichtung ausschliesslich berechtigter Verkaufsstätten (Bänke) für die Handwerker, wie wir solche zuerst bei den Klöstern antreffen [1]), sind sicher wenigstens nach deutschem Muster eingerichtet. Allerdings sind auch in den Städten die Bänke vor der Einführung des deutschen Rechts vorhanden gewesen, und für Breslau lässt sich dies von den alten Fleischbänken nachweisen [2]). Der Begriff der Innung (der Ausdruck Zunft ist viel später) ist natürlich erst von den Deutschen nach Schlesien gebracht worden, merkwürdig ist aber, dass derselbe an der Stelle, wo wir ihn zuerst antreffen, auch nur soviel bedeutet als wie ausschliessliches Privilegium. Es ist dies in einer Urkunde Heinrichs I. für Löwenberg v. J. 1217 [3]), wo es heisst: He gab in (den Bürgern) ouch daz si Win sullen schenken u. nimande nicht davon geben (nämlich Zins) da in sal ouch nimmer kein Voitdino inne gesin noch I n n u n g e, welche letzten Worte Stenzel (Anm. 4) ganz richtig dahin interpretirt: es soll der Vogt in Angelegenheiten des Weinkaufs nicht zu sprechen haben und dieser soll zu keiner Innung werden, sondern allen Bürgern freistehen. Doch gehört zu dem Begriff Innung nach dem gewöhnlichen Sprachgebrauch neben dem des ausschliesslichen Privilegs auch noch der einer corporativen Geschlossenheit. Nun ist es zwar an sich wahrscheinlich, dass die Gemeinsamkeit der Rechte und Pflichten, sowie das Interesse, ihre Privilegien gegen jeden Fremden zu schützen, die Handwerker schon früh zu einer gewissen Einigung geführt hat, doch jene bestimmte Form der Genossenschaft, die sich in den Zünften ausprägt, und welche im Wesentlichen in allen deutschen Städten sich wiederfindet, hat sicher erst das Magdeburger Recht hier eingebürgert. Stenzel [4]) giebt einen ganz bestimmten Termin für die Bildung eigentlicher Innungen an, in dem er sagt: Zuerst erlaubte i. J. 1273 Herzog Heinrich IV. den Breslauer Handwerkern Innungen zu bilden; doch kann ich nicht finden, dass die Urkunde, auf die er sich hierbei bezieht, dies ausspricht. Die hierauf bezüglichen Worte

---

[1]) In der Bestättigungsurk. f. Trebnitz v. J. 1224 Sommersberg I. 829, werden schon macella carnium et scamna panum, sutorum sartorum, fabrorum et omnium operariorum genannt, ja schon 1204 wird das Vincenzkloster als im Besitze einer Fleischbank bezeichnet. Klose I, 329.

[2]) Tzsch. u. St. Nro. 22 p. 304. Man könnte auch darin, dass dem Abt des Vincenzstiftes bis 1204 verboten war, andere als kleine Thiere zu schlachten, eine Begünstigung der städtischen Fleischbänke sehen, und also deren beglaubigte Existenz noch weiter hinaufrücken.

[3]) Tzsch. u. St. Nro. 4 p. 277. Allerdings sagt Stenzel (Anm. 2), dass nur die Gründung Löwenbergs aus dieser Zeit sei, dass aber die einzelnen Rechte in verschiedenen Jahren gegeben worden seien, da aber dieselben immer noch unter die Regierung Heinrichs I. fallen, so kann die Differenz der Jahre in keinem Falle bedeutend sein.

[4]) Schles. Gesch. S. 238.

der Urkunde (die ich im Original[1]) nachgesehen) lauten: Item concessimus prenotatis civibus, ut id habeant, quod Inonghe vulgariter appellatur, sed non carius quam pro 3 fertonibus vendi debet. Hier wird doch offenbar Nichts andres gesagt, als dass der Herzog den Bürgern die Einnahmen aus den Geldern überlässt, welche Jeder zu zahlen hatte, der in eine Innung aufgenommen werden wollte[2]). Es ist also hier mit keinem Worte ausgesprochen, dass es früher keine Innungen gegeben, sondern aus der Urkunde geht nur hervor, dass fortan Niemand anders, als die Bürger, das Innungsgeld einziehen soll. Wir können also nur sagen, im Jahre 1272 erscheinen die Breslauer Zünfte zum ersten Male urkundlich erwähnt. Von den dort angeführten 3 Vierdungen, welche als das Maximum des Aufnahmegeldes bestimmt werden, erhält ⅔ die Stadt, ⅓ das betreffende Handwerk.

Viel speciellere Bestimmungen aber über die Organisation der Breslauer Zünfte finden wir in der erwähnten Mittheilung des Breslauer Rechts an Brieg[3]). Hiernach erscheinen die Zünfte als vollständig organisirt. Sie haben das Recht, ihre inneren Angelegenheiten selbst zu verwalten oder verwalten zu lassen durch zwei aus ihrer Mitte gewählte Handwerksmeister (Geschworene[4]). Derjenige, welcher die Vorschriften der Zunft übertritt, wird durch die geschworenen Zunftmeister zu einer Geldbusse (Kür, Choer) verurtheilt, von deren Betrage ⅓ in die Zunftlade fliesst. Aber freilich geschieht dies Alles unter beständiger Controlle des Rathes. Dieser erwählt die Zunftmeister oder Geschworenen, aus jedem Handwerk einen oder zwei. Ihre Festsetzungen (die Morgensprachen) müssen mit Wissen und Willen der Rathmänner gemacht werden, ⅔ der Geldstrafen sind an diese abzuliefern, und selbst über das letzte Drittheil haben diese eine Controlle. Dasselbe soll zu der Stadt Nutzen verwandt werden oder für ihr Handwerk, wenn dieses es bedarf.

Dass die Zünfte nun sehr früh schon Versuche gemacht haben, eine Theilnahme an der Regierung durchzusetzen, wer wollte sich darüber wundern? Man sorgte ja doch schon durch die ganze Einrichtung der Zünfte dafür, dass diese eine Macht werden mussten.

---

[1]) Raths-Archiv A. 31. Klose I, 524. Copb. 197.

[2]) In diesem Sinne wird das Wort Innung auch in der oben besprochenen Urkunde von 1306 (Tzsch. u. St. No. 106) gebraucht, wo der Vogt Ansprüche gemacht hatte auf die jura, que Innunge ant Kür dicuntur, d. h. die Eintritts- und Strafgelder der Innungen, und noch deutlicher ist die öfter wiederkehrende Notiz in den handschriftlichen Bürgerverzeichnissen des 14. Jahrhunderts, wo hinter dem Namen zuweilen die Worte stehen: „debet adhuc innunga," d. h. er hat das Aufnahmegeld in die Innung noch nicht bezahlt.

[3]) Wie schon erwähnt, zwischen 1266 u. 1290 zu setzen (Tzsch. u. St. No. 125 §. 6 u. 7).

[4]) Stenzel sagt in der Einleitung zu Tzsch. u. St. p. 249: An der Spitze jeder Innung standen die Aeltesten und Geschworenen. Doch scheint dies auf einem Irrthum zu beruhen, der aus dem häufigen Nebeneinandervorkommen der Aeltesten und Geschworenen am Schlusse von Urkunden sich herschreibt. Wer die Aeltesten (seniores) waren, haben wir schon nachgewiesen.

Dadurch, dass man zu dem Betriebe der verschiedenen Handwerke gewisse Personen ausschliesslich berechtigte, gab man diesen Privilegirten, die eine freie Concurrenz nicht zu fürchten hatten, die bestimmte Aussicht, wohlhabend zu werden, und noch dazu verlieh man ihnen eine einheitliche Organisation in ihren Zünften, wählte aus ihrer Mitte sogar gesetzlich anerkannte Vertreter ihrer Interessen und zog diese zu Rathe, wenn auch wohl zunächst nur, um sachverständige Gutachten zu erhalten. Im Wesentlichen waren auch die Zünfte nicht weniger aristokratisch gesinnt als die Patrizier und wahrten ihre Privilegien auch nach unten hin auf das Eifrigste, nicht nur ihren Gesellen gegenüber, sondern es gab auch wieder unter den Zünften selbst noch verschiedene Abstufungen, so erscheinen doch die Reichkrämer (die damals noch mit zu den Zünften zählen) die Schneider, die Schuster entschieden übergeordnet den armen Krämern, den Flickschneidern und Flickschustern. So erwirkten die Schuster im Jahre 1303 eine Bestimmung, dass nur 20 Schuhflicker sein sollten, die nur an Markttagen und der Erntezeit vier Wochen lang feil halten, keine neue Schuhe anfertigen, sondern nur alte besohlen, keine rothe Riemen um die Schuhe machen und nur einen Gross- und einen Kleinknecht halten dürften[1]). Aber eben jene wohlhabenden Zunftmeister, die Aristokraten unter den Zünften, empfanden auch besonders die Zurücksetzung den patrizischen Kaufleuten gegenüber und suchten gegen diese anzukämpfen.

Es standen nun den Zünften zwei Wege offen zur Theilnahme an der Regierung, von diesen war der eine die weitere Entwickelung dieses ihres Tribunats, der Vertretung durch die Geschworenen, und der andre das Streben nach unmittelbarem Eintritt von Zunftgenossen in den Rath. Unsre Breslauer Zünfte sind auf beiden Wegen vorgegangen. Der Zuziehung der Geschworenen zum Rathe gedenkt schon die erwähnte Rechtsmittheilung für Brieg, wenn sie gleich eine solche ganz in das Belieben der Konsuln stellt[2]), und in derselben Urkunde (§. 28) wird schon eines Falles Erwähnung gethan, wo, ohne dass es sich um Zunftangelegenheiten handelt, die Zuziehung von Geschworenen erforderlich ist. Später erscheint es ganz gewöhnlich, bei wichtigen Urkunden des Raths unter den Ausstellern auch die Geschworenen mit zu nennen[3]), ein Beweis für deren steigende Bedeutung.

Aber auch zur unmittelbaren Theilnahme am Rathe sind die Zünfte schon früh gelangt. Es kamen in Breslau offenbar andre Anschauungen zur Geltung, als in den Reichsstädten, in denen sich entweder ein fest bestimmter Kreis von Familien durch uraltes Herkommen und

[1]) Stenzel schles. Gesch. S. 310.

[2]) §. 6. Das sy an helfen vor dy Stat raten, ob sy ir bedorfen.

[3]) So z. B. in der Rechtsmittheilung für Brieg vom Jahre 1327. (Tzsch. u. St. p. 432 Anm. 2.)

gestützt auf das Alter der Familie und grossen Grundbesitz, in dem Besitze des städtischen Regimentes sah, oder im Gegensatz die herrschende Klasse eine Kaufmannsgilde war, so dass nur die Aufnahme in diese Jemanden wahlberechtigt für das Consulat machen konnte. Nachdem, was oben über das Breslauer Patriziat gesagt wurde, beruht hier die hervorragende Bedeutung der konsularischen Geschlechter zwar wohl auch auf dem Alter der Familien, hauptsächlich aber auf grösserem Reichthum und der Geltung, welche persönliche Eigenschaften des Charakters zu erringen wissen, und nur der Usus der Cooptation machte eine gewisse Abschliessung in einem engeren Kreise auf die Länge möglich. Eine irgend wie feste Schranke hatte somit das Patriziat nicht, und dem Eintritt von Handwerkern in den Rath stand eben nur die herrschende Ansicht der Zeit entgegen, wonach der Betrieb eines Handwerkes im Grunde für etwas Herabsetzendes galt. Wenn also z. B. ein Zunftmeister durch sein Handwerk reich geworden, dessen Betrieb aufgab, um, wie wir sagen, als Rentier zu leben, und wenn dieser Mann ausserdem in Folge seiner persönlichen Eigenschaften sich eines grossen Einflusses auf seine Mitbürger erfreute, so stand seinem Eintritte in den Rath offenbar Nichts im Wege. Davon war dann kein grosser Schritt mehr zum Eintritt wirklicher Zunftgenossen in den Rath, und es zwingt uns Nichts anzunehmen, dass die ganze Reihe Namen, welche noch im 13ten Jahrhundert im Rathskatalog uns durch den ihrem Namen beigefügten Zusatz einer Handwerksbezeichnung hervorgehoben werden (es sind in 16 Jahren 22 Handwerker), sämmtlich sollten Leute gewesen sein, die ihr Handwerk schon aufgegeben hatten, wenn dies auch bei Einzelnen gewiss der Fall war[1]).

---

[1]) Ich gebe zur Uebersicht ein Verzeichniss der zünftigen Rathsherrn und Schöffen vom Anfang des Rathskataloges bis 1301.

	Consuln:	Schöffen:		Consuln:	Schöffen:
1288		Sifridus braseator,	1298		Sifridus braseator.
1289		Sifridus braseator,	1299	Gebhardus cerdo,	
1293		Gebhardus cerdo,		Hartlip pellifex,	
1294		Conradus pistor de Egra,	1300	Sifridus braseator,	
		Ortolfus carnifex,	1301		Sifridus braseator,
1995	Gebhardus cerdo,	Sifridus braseator,			Burchardus pellifex,
		Arnoldus cerdo,	1302		Gebhardus cerdo,
		Peczoldus carnifex,	1303		Gebhardus cerdo,
1296	Sifridus braseator,				Ulricus lanio,
1297		Sifridus braseator,	1304	Gebhardus cerdo.	

Wollte man nun auch, um die Theilnahme der Zünfte an der Regierung zu leugnen, diese auf ein Handwerk deutenden Zusätze für Familiennamen erklären, nach der herrschenden Sitte latinisirt, so dass diese Männer Bäcker, Brauer etc. geheissen hätten (wogegen aber der Name Conradus pistor de Egra spricht), so wäre doch damit Nichts bewiesen, denn solchen Namen erhielt eben Jemand doch nur dadurch, dass er ein Handwerk betrieb oder betrieben hatte, und diese Handwerksbezeichnung erscheint im Rathskataloge sich nicht zu vererben, der Sohn des Hilevinus carnifex (1314) heisst z. B. Albertus Hilevini (ohne den Zusatz carnifex), und die Nachkommen des Dominicus pellifex (1325) Hanco Dominici, Dominicus Dominici etc., bis später daraus der in Breslau so bekannte Familienname Domnig wird.

Wir gewahren sogar, dass einzelne dieser zünftischen Rathsbeisitzer, z. B. Sifridus brasecator und Burchardus pellifex sich gleichsam einbürgern in dem Rathskataloge und mitten unter den patrizischen Namen an dritter oder vierter Stelle stehen, während andere wieder blos ganz vereinzelt in bescheidener Zurückgezogenheit ganz unten als letzte Namen den Schöffen angereiht erscheinen. Einen der Genannten kennen wir auch von andrer Seite her, den Fleischer Ulrich, es ist dies sicherlich derselbe, der um's Jahr 1300 das Gut Kelcho (Serschütz), das er vom Bischof Johann gekauft, an das Sandkloster vermacht[1]). Der Reichthum, den solch ein Vermächtniss voraussetzt, wird es gewesen sein, der ihn in den Rath gebracht hat. Wie die in der Anmerkung gegebene Zusammenstellung zeigt, fanden die Handwerker zuerst im Schöffenkollegium Zutritt, und erst mehrere Jahre später findet sich einer derselben unter den Rathsherrn.

In gewisser Weise hing diese Theilnahme der Handwerker an der Regierung auch mit den äussern politischen Verhältnissen zusammen. Es zeigt sich bei deren Betrachtung, dass das Breslauer Patriziat wenig eigene Widerstandskraft hatte, und dass es gegenüber dem Andrängen der Zünfte der Unterstützung des Fürsten bedurfte. Dies zeigen deutlich die Jahre von 1295—1305, wo es mit der Regierung über das Herzogthum Breslau schlecht bestellt war. Da folgte zuerst nach dem Tode Heinrichs V. (Februar 1296) die vormundschaftliche Regierung des kraftvollen aber strengen Boleslaus, mit dem sich die Stadt verfeindete, und dem sie ihre Thore zu verschliessen wagte, wofür sie zur Busse einen Theil ihrer Stadtmauer als Zeichen ihrer Demüthigung niederreissen musste[2]). Dann kam nach Boleslaus Tode (1301)[3]) die verschwenderische Regentschaft des Bischofs Heinrich von Breslau, und als man an seine Stelle den ältesten der drei Söhne Heinrichs V., Boleslaus, setzte, gewann man wenig, da der Jüngling fortwährend an dem Hofe seines Schwiegervaters, Wenzel's II. von Böhmen verweilte. Die Feindseligkeit des Ersteren, wie die Missregierung der beiden Andern war den Interessen unserer Stadt gleich wenig erspriesslich, und dieses Decennium ist wohl das einzige in der Geschichte des deutschen Breslaus, welches kein Privilegium zu Gunsten der Stadt aufzuweisen hat. Dieser mangelnde Schutz von oben und die damit zusammenhängenden Unfälle machten die ohnehin schlecht vertheidigte Feste des Breslauer Patriziats noch wehrloser, und so werden wir uns nicht wundern, wenn wir diese Zeit als eine Zeit der Concessionen erkennen. Nicht allein, dass wir in diesen 10 Jahren unaufhörlich zünftische Beisitzer im Rath- und Schöffenkollegium finden, oft mehrere in einem Jahre, es lässt sich auch kaum bezweifeln, dass die Vermehrung der Zahl der jährlichen Consuln damit zusammenhängt; die ursprüngliche Zahl von 6 steigt schon 1296 auf

[1]) Stenzel Ss. II, p. 181.

[2]) Henr. pauper p. 7 Anm. 6.

[3]) Chr. princ. Pol., p. 121.

8, 1297 auf 10, 1298 auf 12, 1301 sinkt sie wieder auf 10, 1302 auf 8, eine Zahl, welche dann eine Zeitlang constant bleibt. Sind wir gleich nicht im Stande, direkt diesen Zusammenhang nachzuweisen und aus dem Kataloge festzustellen, dass die Personen, um welche das Rathskollegium vermehrt wird, sämmtlich Zünftler sind, so lässt sich doch principiell annehmen, dass in einer Oligarchie eine Vermehrung der Zahl der Regierenden als eine Concession nach der demokratischen Seite hin anzusehen ist, ausserdem aber spricht die Analogie andrer uns in ihrer Bedeutung ganz klar vorliegender Fälle dafür, wo eine Zuziehung zünftischer Beisitzer immer mit einer Vergrösserung der Mitgliederzahl verbunden erscheint, so 1314—29, 1390 und später noch öfter[1]). Auch dürfen wir nicht vergessen, dass unser Rathskatalog, wie sich bei mehreren Beispielen zeigt, nicht immer genau bei Handwerkern den Stand angiebt, so dass vielleicht hinter manchem der novi homines, die uns in jenem Dezennium in besonders grosser Zahl begegnen, ein Handwerker versteckt ist. Uebrigens waren am Ende die Zünfte auch schon zufrieden zu stellen mit der Zuziehung ihnen wohlgesinnter Kaufleute. Im Ganzen entspricht es vollkommen dem Lauf der Dinge, wie er zu allen Zeiten gewesen ist; der Rath, des Schutzes des Fürsten beraubt, zeigt sich gefügiger, in der Zeit der grössten Bedrängniss, der Zerwürfnisse mit Boleslaus, steigt die Zahl der Consuln bis auf 12[2]). Als die Noth vorüber ist, lenkt man klüglich ein und steigt wieder in der Zahl herab.

Nichts aber beweist mehr für unsere Annahme, als die Wendung, die ganz augenscheinlich im Jahre 1305 eintritt. Da kehrt der junge Fürst Boleslaus endlich aus der Fremde zurück und erscheint sogleich für das patrizische Interesse gewonnen. Schon die erste Urkunde, die er erlässt, eine strenge Monopolisirung des Tuchhandels für die patrizischen Grosshändler (wir kommen darauf zurück) zeigt dies auf das Unzweifelhafteste[3]), und ebensowenig sind wir darüber im Unklaren, wie er von den regierenden Herren so schnell gewonnen worden ist, das Rechnungsbuch jener Zeit, der Henricus pauper, spricht sich auf das Deutlichste darüber aus, in dem es zeigt, wie in diesem Jahre (1304 und 5) der Ausgabeetat für die Stadt von 535 Mark auf 1023 Mark 19 Skot steigt, also nahezu um das Doppelte[4]). Der junge Herzog hatte wohl in Prag

[1]) Das Ereigniss von 1343, wo an die Stelle von 8 jährlich wechselnden 32 lebenslänglich gewählte Consuln treten, gehört natürlich nicht hierher.

[2]) Ist es schon an sich wahrscheinlich, dass die Verweigerung der Anerkennung Boleslaus's als Regent in die nächste Zeit nach dem Tode Heinrich's V. (1296) fällt, so wird dies auch durch den Henricus pauper bestätigt, der im Jahre 1299 (98) beginnend, schon den Zwist als beendet zeigt: ob diese Rechnung in's Jahr 1299 oder 98 zu setzen ist, wird schwer zu entscheiden sein, nach der Annalogie des daselbst p. 21 Anm. 1 erörterten Wechsels in der Jahresbezeichnung könnte man auch die Rechnung von 1299 auf dasselbe Jahr beziehen, so dass, da dann augenscheinlich die folgende Jahresrechnung vom Jahre 1301 auf das Jahr 1300 zu beziehen ist, keine Unterbrechung einträte.

[3]) Klose I, 595. Coph. f. 192.

[4]) p. 23. Beim Jahre 1304 ist die Ausgabe dort allerdings irrthümlich auf 1500 Mark statt auf 500, entsprechend der

das Geldausgeben gelernt, und wenn ihm das Pergament für ein gut Stück Geld feil war, kann man sagen, dass er nicht ohne Staatsklugkeit für seine Kasse sorgte. Nun der Rath wieder den sichern Rückhalt eines für die patrizischen Interessen gewonnenen Fürsten hat, ist die Zeit der Concessionen vorüber, ebensowenig wie wir fortan Etwas von einer Vermehrung der Zahl der Consuln hören, finden wir jetzt noch zünftische Namen unter den Consuln und Schöffen.

Nach allen Seiten verstehen es nun die Breslauer Patrizier, die erlangte, oder wenn man will, erkaufte Gunst des Herzogs zu verwerthen; alle alten Streitsachen werden nun in einer ihnen günstigen Weise erledigt, wir stellten schon oben dar, wie im Jahre 1306 die Streitigkeiten mit dem Vogte durchaus zu Gunsten des Rathes geschlichtet wurden[1]), in gleicher Weise wurde nicht ohne Härte das gewerbliche Monopol der Breslauer Bürger gegenüber den Neustädtern festgehalten[2]). Ebenso sprechen eine Reihe von Schenkungen und Verkäufe an Breslauer Bürger (fast sämmtlich Patrizier) aus jener Zeit für die Gunst des Herzogs.

Bald darauf nahmen neben Boleslaus auch die andern Söhne Heinrichs V., Heinrich und Wladislaus, an der Regierung Theil, und 1311 erfolgt eine Theilung zwischen diesen Dreien, in Folge deren Breslau an Heinrich fiel, welcher dann als Heinrich VI. bis 1335 regierte. Er war ein wohlgesinnter und guter Fürst, den Breslauern unvergesslich durch sein liebenswürdiges, uns urkundlich überliefertes Wort, er wolle, dass man in Breslau nicht nur esse und lebe, sondern gut esse und gut lebe[3]). Weit entfernt von dem rücksichtslosen Leichtsinne seines Bruders Boleslaus, hinderte eine Persönlichkeit wie die seine die Breslauer regierenden Herren, die Saiten nicht allzu hoch zu spannen, er nahm sogar eine der Bestimmungen seines Bruders geradezu zurück, indem er den Handwerkern der Neustadt zum grössten Theile die Berechtigung zum Betriebe ihrer Gewerbe und zum Verkaufe ihrer Produkte wiedergab. Wenn diese Massregel allerdings nicht die Patrizier, sondern die Zünfte der Altstadt traf, so musste sie doch die Unzufriedenheit der Zunftmeister, die sich ausserdem über den fortwährend wachsenden Steuerdruck schwer beklagten, auch gegen das Stadt-Regiment wenden.

Einnahme angegeben. Auch die Addition ergiebt nur annähernd 500 Mark. Wir würden die im Text angedeuteten Verhältnisse noch weit klarer übersehen, wäre nicht das Rechnungsbuch grade in jenem Jahre so unzuverlässig. Um nur ein Beispiel anzuführen, so erkaufen die Consuln im Jahre 1300 die Landvogtei, p. 6, und erheben davon im Jahre 1301 100 Mark, ohne dass eine Zahlungssumme angegeben wird. Doch kann man sie sich, einer sonst unverständlichen Andeutung auf p. 8 folgend, aus den Ausgaben herausrechnen, wo, wenn man die dort angegebenen Ausgaben von den Einnahmen abzieht, noch über 1300 Mark unverrechnet bleiben. Zum Jahre 1304 p. 16 und zum Jahre 1309 p. 24 wird ihrer noch gedacht; was es damit für eine Bewandtniss gehabt haben mag, ist nicht zu ersehen.

[1]) Tzsch. u. St. No. 106 p. 478.

[2]) Klose I, 597. Coph. f. 370. (Wir kommen darauf zurück.)

[3]) Urkunde vom 2. August 1327. Klose I, 629 Coph. f. 199.

Was die Finanzverhältnisse der Stadt betrifft, so hatten sich dieselben in folgender Weise entwickelt: Wie wir oben (S. 6) sahen, zahlten die deutschen Kaufleute vor der Bewidmung mit deutschem Rechte jährlich 200 Mark an den Herzog, und als dieser nun die Stadt neu auf der Basis des deutschen Rechtes gründete, scheint er sich das Doppelte jener Summe, also 400 Mark, ausbedungen zu haben, welche Summe dann für lange Zeit constant blieb[1]). Um diese Summe aufzubringen, wurden in den üblichen halbjährigen Terminen zu Walpurgis und Michaelis zwei Steuerhebungen im Betrage von je 200 Mark (und etwas darüber)[2]) veranstaltet. Da nun aber hierzu bald das Münzgeld mit jährlich 160 Mark (als Entschädigung für die Umprägung der Münzen, die sonst der Herzog vorgenommen) und daneben sehr häufig ausserordentliche Anforderungen der Fürsten kamen, auch die communalen Bedürfnisse der Stadt selbst bedeutende Geldsummen erforderten, so mussten neben jenen zwei Kollekten noch mehrere andere oder auch statt einer gewöhnlichen eine Doppelkollekte erhoben werden, Alles in dem Masse, wie es das augenblickliche Bedürfniss erheischte. So oft die Aufbringung einer grossen Summe nothwendig wurde, sei es, dass die Stadt selbst für ihre Bedürfnisse eine bedeutende Ausgabe zu machen, sei es, dass der Fürst, z. B. bei einem plötzlich ausbrechenden Kriege, eine erhöhte Anforderung machte, wurde ein solches Extraordinarium in seinem ganzen Betrage durch neue Kollekten von der Stadt beigetrieben[3]), und es ward auf diese Weise möglich, dass in einem Jahre die Zahl der Steuererhebungen bis auf 10 stieg, und dass andrerseits ein Bürger in einem Jahre dreimal soviel Steuern zu zahlen hatte, als im Vorjahre, wie z. B. 1309 1914 Mrk., 1310 4153 Mark erhoben wurden.

Ganz besonders drückend wurden die Steuern aber durch die Art ihrer Erhebung. Es kann kaum ein Zweifel sein, dass die Steuern in Breslau einfach von den Bauplätzen (areae) ganz ohne Rücksicht auf die darauf stehenden Gebäude erhoben wurden[4]). Diese areae waren zu diesem Zwecke nach ihrer Ausdehnung in ganze, halbe oder Viertelhöfe eingetheilt, wie die Analogien des Erbzinses und Feuerhellers zeigen[5]), und je nach der Grösse der areae fingirte man für dieselbe einen allgemeinen bestimmten jährlichen Ertrags- oder Zinswerth, wie

---

[1]) Henr. paup. p. 4 Anm. 3 und 85 Anm. 2.

[2]) Dieselben sind natürlich etwas höher veranschlagt, da es ohne einigen Ausfall nicht wohl abgehen konnte.

[3]) Wie man allmälig lernte, sich in solchen Fällen durch Anleihen zu helfen, werden wir unten noch näher sehen.

[4]) Lünig XIV, 232 Urk. von 1232: Concedimus, quod nulla curia quantumcunque, magna vel parva, non plus in actione solvat, nisi quantum ipsius area vacans in suo situ consuevit solvere ab antiquo. Dies zeigt auch schon die so oft im Henr. paup. vorkommende Notirung des Ausfalls durch desertae areae (z. B. beim Jahre 1332 mit 30 Mark notirt): solche wurden dann von dem Rathe, um sie doch in Etwas einträglich zu machen, als Weideplätze etc. vermiethet (p. 22); vergl. die Ausführungen bei Schmidt Geschichte von Schweidnitz I, S. 72 Anm. 2.

[5]) Henr. paup. p. 83 Anm. 6. Vergl. über Beide unten den Schlussabschnitt: Städtischer Haushalt etc.

z. B. in Schweidnitz (für jede Hufe 12 Mark [1]). Auch die grösseren gewerblichen Verkaufsstellen wurden auf diese Weise zur Besteuerung herangezogen, indem man bei diesen natürlich ohne Berücksichtigung des Flächenraumes, den sie einnahmen, einen bestimmten jährlichen Ertragswerth annahm, so z. B. bei einer Tuchkammer 10 Mark [2]), entsprechend einem Kapitale von 100 Mark. Nach diesem Ertragswerthe erfolgte nun die Anlage der für eine jede Kollekte aufzubringenden 220 oder 30 Mark. Es war nun aber Nichts natürlicher, als dass dieser Modus der Besteuerung, der nur den Bauplatz und dessen Ausdehnung in's Auge fasste und ganz ohne Rücksicht darauf, welchen Werth demselben die Lage in der Stadt selbst oder die darauf errichteten Gebäude gaben, alle, welche die gleiche Ausdehnung hatten, gleich hoch besteuerte, je mehr Steuern danach aufgebracht werden, als eine desto schreiendere Ungerechtigkeit empfunden wurde, und dass die ärmeren Bürger alle Ursache hatten, damit unzufrieden zu sein.

Gerade in der Zeit nun, von der wir sprechen, waren der Ausgaben viele gewesen. Schon die unruhigen Zeiten nach dem Tode Heinrich V. mochten der Stadt viel gekostet haben, und der Anfang des 14. Jahrhunderts zeigt uns den Etat der Stadt in beständigem Wachsen.

Die Einnahmen der Stadt betrugen 1303 535 Mark, 1304 1023, 1305 1004, 1307 2550, 1308 2040, 1309 1914, 1310 4153, 1311 2120, 1312 2800, 1313 3225 Mark [3]).

Im Jahre 1310, wo das Budget die enorme Höhe von 4153 Mark erreicht, finden wir z. B. unter den Ausgaben [4]) ad nuptias ducis Henrici 560 Mark, pro juribus confirmandis 666 Mk.: cum dux venisset de Oppavia 1000 Mk., pro telonio, pro urboris et advocatia 560 Mk. Ausserdem hatte das Herzogthum Breslau nach der Theilung der Brüder 1311 [5]) eine bedeutende Summe als Entschädigung für Boleslaus, der Brieg erhalten hatte, aufzubringen, und dieselbe ward, wie das Chr. princ. Pol. (p. 126) versichert, auch in kürzester Zeit baar erlegt; freilich wäre die dort genannte Summe von 18000 Mark ganz unerschwinglich gewesen [6]).

Wenn die Höhe der Steuern ebenso wie die ungerechte Vertheilung derselben die Unzufriedenheit der Bürgerschaft reizte, so musste nicht weniger die Unregelmässigkeit, das Schwankende in dem städtischen Budget Misstrauen erwecken, und den Verdacht willkürlicher Besteuerung hervorrufen. Es war nicht zu verwundern, wenn da die Handwerker, ohnehin schon, wie

---

[1]) Schmidt a. a. O.

[2]) Rechtsmittheilung Breslaus an Brieg aus der Zeit Heinrichs IV. Tzsch. u. St. p. 509 §. 29.

[3]) Ich habe bei dieser Uebersicht den im Henr. paup. p. 21 Anm. 1 besprochenen Wechsel in der Chronologie der Rechnungsbücher berücksichtigt.

[4]) Henr. paup. p. 29.

[5]) Genauer noch als bei Klose I. 608 ff. ist die Zeit der Theilung, als zwischen den 13. Oktober und den 9. November 1311 zu setzen, bezeichnet in meinen Anmerkungen zum Henricus pauper p. 34 Anm. 2.

[6]) Henr. paup. p. 34 Anm. 3.

wir oben sahen, durch die letzte Entscheidung des Herzogs in dem Streite mit den Neustädtern gereizt, nur mit Murren die Steuern zahlten, und immer lauter das Verlangen aussprachen, eine Controlle über die Verwendung zu haben. Allerdings legten die Consuln bei Ablauf ihres Amtsjahres einige Wochen vor Ostern ihre Rechnung ab, doch nur vor den neugewählten und zwar von ihnen gewählten Rathmännern, daher war die Verantwortlichkeit nicht gross und ging über den engen Kreis der Aristokratie nicht hinaus. Jene Unzufriedenheit der Zünfte war dadurch zu stillen, dass man Einige aus ihrer Mitte selbst in den Rath aufnahm, ein Verlangen, das um so billiger erschien, da wie wir sehen, bis zum Jahre 1304 mehrfach Handwerker im Rathe gesessen hatten.

Die Patrizier nach dieser Richtung gefügiger zu machen, hat wahrscheinlich auch die schreckliche Hungersnoth beigetragen, welche von 1212—15 in Schlesien herrschte[1]). Zeiten solcher Noth, wo das verzweifelnde Volk zu gewaltthätigen Handlungen so leicht fähig ist, haben die Machthabenden immer nachgiebiger gefunden, sie sehen da gern die drückender gewordene Verantwortlichkeit von mehreren Schultern getragen und den schwerer zu findenden Rath von Mehreren ertheilt.

So erlangen denn die Zünfte, dass den herkömmlichen acht patrizischen Rathsherrn des Jahres 1314 sechs aus den Zünften beigefügt werden, ein Brauer, ein Fleischer, ein Bäcker, ein Reichkrämer, ein Schuster, ein Tuchmacher, aus jedem der 6 Haupthandwerke Einer. Auf diese Weise gab es nun 14 Rathsherren, und bald ging man noch weiter. Man erwählte für das Jahr 1315 12 Consuln, zur Hälfte aus den Patriziern, zur Hälfte aus den Zünften, und zwar erscheinen jetzt die Letzteren nicht wie im Vorjahre ganz unten angehängt, sondern in vollständiger Gleichstellung wechseln die patrizischen und plebejischen Namen mit einander ab[2]). Zugleich beschliesst der Rath und die ganze Gemeine, dass diese Form des Raths jetzt für immer beibehalten werden solle[3]). Es drängen sich uns hierbei noch manche Fragen auf, deren Beantwortung bei der Dürftigkeit der Quellen schwierig ist. Sind diese damals hinzugekommenen operarii durch denselben Cooptationsmodus wie sonst die Rathsherren, und sind sie auch zu derselben Zeit mit den patrizischen gewählt worden? Dass dies im Jahre 1315 geschehen,

---

[1]) Pols Jahrbücher.

[2]) Klose erwähnt dieses wichtige Ereigniss mit keinem Worte, und Stenzel schles. Gesch. S. 233 bespricht es zwar, doch hat er, da er das Rathsverzeichniss nicht benützt hat, eine nur sehr unvollständige Kenntniss davon und setzt es auch dem Henr. paup. (p. 21) folgend, dessen Rechnungen er auf das Jahr, welches sie als Ueberschrift tragen, bezieht, erst in das Jahr 1315.

[3]) Pols Jahrb. z. J. 1314. Wenn dieser hier von 12 Rathsherren spricht, deren Wahl immer beibehalten werden solle, so kann damit nur gemeint sein, dass man damals beschlossen habe bei der nächsten Wahl 12 Rathsherren zur Hälfte aus den Patriziern und zur Hälfte aus den Zünften zu wählen und diesen Modus dann immer beizubehalten

leidet kaum einen Zweifel; hier erscheinen die 12 Rathsherren, patrizische und zünftische ohne Unterschied durcheinander geworfen, und, wie es jener Wahlmodus mit sich brachte, erscheint unter den Rathsherren keiner aus dem Vorjahre wieder, während mehrere vorjährige Consuln für dieses Jahr zu Schöffen erwählt werden. Anders aber steht es in dem Jahre 1314. Hier erscheinen die 6 additi ex operariis gegen die Sitte erst hinter den Schöffen angereiht, so dass es scheint, als seien sie auf Andrängen der Zünfte erst nachträglich zugefügt worden. Wie lange nach der Neuwahl dies geschehen, wer wollte das entscheiden? Ebenso wenig lässt sich mit Sicherheit feststellen, ob diese Zünftler nun von den Consuln erwählt, oder ob die Innungen sie aus ihrer Mitte erkoren haben.

Noch verdient erwähnt zu werden, dass das Schöffencollegium von dieser Veränderung vorläufig noch ganz unberührt bleibt, auch wieder ein Beweis dafür, dass dasselbe, wenn es auch zu wichtigen Amtshandlungen zugezogen ward, doch von ungleich geringerem Einfluss war, so dass die Theilnahme an demselben den Zünften nicht als etwas besonders Wesentliches erschien, wie auch bei dem Aufstande von 1333 die Handwerker ausdrücklich nur über die Consuln klagen [1]). So sassen denn nach der kurzen zehnjährigen Zwischenzeit die Zünfte und zwar jetzt verfassungsmässig im Rathe und wie es scheint, haben sie bald das Ihrige gethan, um die Politik der Stadt nach ihren Wünschen zu beeinflussen. Wenn wir oben die Höhe des Steuerquantums und den Aerger über die vom Herzog den Neustädtern verliehenen gewerblichen Begünstigungen als Motive für das erneute Drängen der Handwerker ansehen mussten, so scheinen sie in beiden Angelegenheiten bald wirksame Aenderungen durchgesetzt zu haben. Der städtische Etat, der sich in der letzteren Zeit immer auf der Höhe von mindestens 2000 Mk. erhalten, 1312 auf 2800 und nach 1314 sogar auf 3225 Mk. gestiegen war, sinkt 1315 bis auf 1551. Und ebenso hat man nach der andern Seite hin die Concurrenz der Neustädtischen Handwerker wieder glücklich zu unterdrücken vermocht. Wenn Heinrich VI. in der oben erwähnten Urkunde von 1311 den Neustädter Bürgern ausdrücklich die Brot-, Fleisch- und Schuhbänke zusichert [2]), so können 1315 die Rathmänner von Breslau in einem Weisthume für die von Glogau diesen mittheilen, dass bei ihnen die Neustadt zwar einen eignen Vogt, aber keine eignen Fleisch- und Schuhbänke habe [3]).

---

[1]) Quod octoviri et non totus consulatus vellent destruere opus suum. Siehe die Beilage I.

[2]) Klose I. 613, Copb. f. 373: — macella venalium rerum, carnificum, pistorum, sutorum et quorumlibet talium. —

[3]) Tzsch. u. St. Nro. 118, §. 2, p. 497.

Die Zeit aristokratischer Reaktion bis zum ersten Eingreifen der Luxemburger. Steuerreform. Ausbildung der Verfassung.

Die Zünfte waren im Rathe, doch lange sollte ihr Triumph nicht dauern. Wenn wir uns wundern müssen, dass jene grosse Veränderung, die in andern Städten nur nach heftigen Stürmen, oft nach vielem Blutvergiessen erfolgt ist, hier so ganz in aller Stille vor sich geht, so dass wir kaum in irgend einer Chronik nur eine Erwähnung davon finden, so müssen wir doch auch darin einen Beweis dafür sehen, dass die ganze Sache kein Produkt stetiger organischer Entwickelung, sondern mehr eine gewissermassen durch entschlossene Benützung schwieriger Zeitverhältnisse den herrschenden Familien abgerungene Concession war, und es war Nichts natürlicher, als dass sich bald wieder eine Reaktion dagegen geltend machte. Das Jahr 1315, wo die Regierung ganz gleich zwischen Patrizier und Zünfte getheilt ist, erscheint als der Höhenpunkt der ganzen Bewegung, von da geht es wieder abwärts. 1316 schon erscheinen nur noch vier Handwerker unter den zwölf Consuln und diese schon nicht mehr wie 1315 zum Theil an den ersten Stellen, sondern ins Gesammt unten angereiht, hinter den Patriziern. Allerdings scheint die Aufregung unter den Handwerkern noch zu gross gewesen zu sein, um sie gänzlich aus dem Rathe zu beseitigen, 1317 finden sich wieder fünf[1]) und 1318 sogar sechs von ihnen in demselben, aber die Rangstellung derselben hinter den Patriziern wird festgehalten, und 1320 wagt man endlich den kühnen Schritt zur vollständigen Zurückführung der alten Einrichtung. Man steigt wieder auf die alte herkömmliche Zahl acht herab und nimmt einen einzigen Handwerker mit in den Rath auf[2]). Dieses Verhältniss bleibt dann mehrere Dezennien, wenn sich gleich in dem Schöffencollegium hier und dort Handwerker in grösserer Anzahl vorfinden.

Fragen wir darnach, woher es kam, dass die Zünfte sich diese Reaktion so geduldig gefallen liessen, so vermögen wir bei dem gänzlichen Schweigen aller Chronisten über diese wichtige Angelegenheit eine Erklärung nur so zu finden, dass wir die gleichzeitige grosse

---

[1]) Wie schon oben bemerkt, zeigt es sich an mehreren Stellen, dass im Rathskataloge die Standesbezeichnungen, die sonst die Handwerker unterscheiden, zuweilen fehlen, so nehme ich an, dass Namen wie hier Henr. Schofesburger, mitten unter den Handwerkern stehend, zu diesen zu rechnen sind.

[2]) Ob der neben dem Vertreter der Zünfte, Heyneman von Owe, stehende Gibertus auch ein Handwerker war (vergl. die vor. Anm.), muss ich dahin gestellt sein lassen, jedenfalls war er ein homo novus.

Reform in den Steuerverhältnissen in einen causalen Zusammenhang mit jenen Ereignissen bringen. Sei es nun, dass ein directes Compromiss zwischen den Patriziern und der übrigen Bürgerschaft abgeschlossen wurde, sei es, dass die Unzufriedenheit der Letzteren über ihre Vertreibung aus dem Rathe nachträglich durch anderweitige Concessionen besänftigt werden sollte, genug es ist sicher, dass jener so drückende Modus der Steuerhebung von den Bauplätzen ausschliesslich damals um's Jahr 1320 wesentlich modifizirt wird. Es wird nämlich fortan nur die Hälfte der zu einer Collekte erforderlichen Summe durch den alten Modus aufgebracht [1]), und vom Jahre 1322 an erscheinen deshalb auch die Collekten geradezu verdoppelt im Betrage von 400—450 Mk. (um einige Mark differirt es in den einzelnen Jahren), ohne dass die Höhe des Budgets im Ganzen dadurch geändert würde, da in demselben Maasse die Zahl der Collekten vermindert erscheint. Jene zweite Hälfte nun wird aufgebracht durch eine Vermögensteuer, welche die gesammte bewegliche Habe eines Mannes, die durch eidliche Versicherung deelarirt werden muss, nach dem Ertragswerthe besteuert. Wir haben noch eine von dem Rathe ausgehende Instruktion für dieses sogenannte Eidgeschoss, welche Klose, der sie mittheilt [2]) ohne seine Quelle zu nennen, in die Zeit der Luxemburgischen Könige setzt, die aber sicher aus unsrer Zeit, wo das Eidgeschoss zuerst eingeführt wurde, herrührt [3]). Dieselbe geht ausdrücklich davon aus, dass der Grundbesitz als schon vorher besteuert, nicht in Frage kommt, dagegen wird Alles, was sonst einen Ertragswerth haben könnte, z. B. alle Arten von ewigen und wiederkäuflichen Renten und Zinsen, von Kaufmannswaaren, von auswärtigen Besitzungen, Mühlen oder Vorwerken, sogar die Hausthiere [4]) besteuert. Nähere Angaben über die Steuersätze fehlen, nur wird gesagt, dass der Besitzer einer Tuchkammer von je 100 Mk. $\frac{1}{2}$ Mk, also $\frac{1}{2}$ pCt., wer Geld auf Zinsen leihe, von der Mk. 1 Groschen, also etwas über 2 pCt. zahlen solle [5]).

Man begann diese neue Einrichtung schon 1320, wo man neben einer doppelten Collekte nach dem alten Modus zwei einfache Collekten cum juramento anführt, bei welchen letzteren nun augenscheinlich die Worte, die sich beim nächsten Jahre finden, de rebus tantum, aus-

---

[1]) Die Anführung beim J. 1321 (Henr. paup. p. 48), wo es heisst: summa secunde collecte de rebus tantum (im Gegensatz zu areis) 108 m. 3 scot, zeigt dies Verhältniss deutlich.

[2]) Stenzel Ss. III, 193.

[3]) Wäre sie späteren Ursprungs, so würde z. B. ganz sicher die Strafe für unrichtige Deklaration entsprechend der darüber erlassenen Urkunde von 1323 (wir kommen auf dieselbe zurück) festgesetzt worden sein.

[4]) Nur die Pferde, die Jemand für sich und seine Dienerschaft braucht, sind geschossfrei — dies sind auch alle Hausgeräthe.

[5]) Die höhere Besteuerung bei diesem letzteren Posten hängt eben mit dem Verbot des Zinsennehmens bei Anleihen zusammen, wonach solche Zinsen für einen unerlaubten Gewinn (usura, Wucher) einen höheren Steuersatz wohl vertragen konnten. Eigentlich konnte ja auch diese Bestimmung nur Juden treffen.

6*

schliesslich von der fahrenden Habe (nicht wie sonst von den areis), hinzu zu denken sind. Doch nahmen es Viele mit der eidlichen Angabe nicht sehr genau, so dass der Rath sich veranlasst sah, 1323 vom Herzog ein strenges Edikt auszuwirken, welches einen Jeden, der einen solchen falschen Eid schwören würde, mit der Strafe der Landesverweisung bedrohte (6 Heller soll er mit auf den Weg erhalten). Um eine unparteiische Behandlung solcher Straffälle den Innungen gegenüber zu garantiren, wird festgesetzt, dass in dem Schöffengericht, dessen Verdikt das Verbrechen des Meineides zu konstatiren hatte, auch die Geschworenen anwesend sein sollten[1]).

Diese Verordnung bildet den Anfang einer ganzen Reihe der allerwichtigsten Urkunden, durch welche das letzte Dezennium piastischer Herrschaft über Breslau für diese Stadt so unendlich wichtig geworden ist. Herzog Heinrich IV., mild und weich wie er war, dabei fortwährend bedrängt durch seinen händelsüchtigen Bruder Boleslaus, hatte sich ganz in die Arme seiner getreuen Breslauer geworfen, aus ihnen nahm er, wie wir jetzt sagen würden, sein Ministerium, seine Rathgeber und Diener, auf ihren Rath ist jener Erbschaftsvertrag mit Böhmen geschlossen worden, der das Herzogthum Breslau an das Haus der Luxemburger brachte.

Wie wünschenswerth nun aber auch die hierdurch angebahnte Veränderung den Breslauer Patriziern sein mochte, so fühlten sie sich doch gerade dadurch noch besonders angetrieben, den Einfluss, den sie in jener Zeit besassen, zur Durchsetzung verschiedener wichtiger Massregeln zu benützen, welche sämmtlich den Zweck hatten, ehe noch ein neuer Herrscher die Zügel der Regierung erfasste, die inneren Verhältnisse Breslau's möglichst zu consolidiren und Alles aus dem Wege zu räumen, was bisher noch störend und hindernd einer gedeihlichen Entwickelung hatte in den Weg treten können. Hierher gehörten hauptsächlich zwei Streitsachen, die immer von Neuem aufgetaucht waren und ärgerliche Verwickelungen hervorgerufen hatten und noch hervorrufen konnten. Diese wunden Stellen waren das Verhältniss zu dem Erbvogte und dessen umfassenden Ansprüchen und zweitens das zur Neustadt, deren Anrecht auf selbständige gewerbliche Entwickelung zu unterdrücken man für unbedingt nothwendig erachtete.

Beides waren Verhältnisse, die die Keime künftiger Streitigkeiten unzweifelhaft in sich trugen. Wie oft über sie auch entschieden worden sein mochte, es war gewiss, sie wurden wieder zur Verhandlung gebracht, so bald in einem neuen Herrscher ein neuer Richter erstand, vor dessen Forum die bisher unterlegene Partei neue Chancen eines günstigeren Urtheilsspruches zu finden hoffen konnte, und welche Gelegenheit konnte wohl mehr zu solchen Hoff-

---

[1]) Coph. f. 83. Im Auszuge bei Klose I, 621 u. Sommersberg I, 336. Das Coph. hat abweichend von den beiden andern das Jahr 1322, doch sind hier die Jahreszahlen mehrfach ungenau.

nungen berechtigen als der durchgreifende Regentenwechsel, der sich jetzt vorbereitete? Hier galt es reinen Tisch zu machen für die neue Epoche, der man entgegenging, das sah der Breslauer Rath sehr wohl ein und war schnell zum Handeln entschlossen. Was die Erbvogtei anbetraf, so war die Gelegenheit sehr günstig. Im Jahre 1324 hatte in der Familie Schertelzan, die jenes Amt oder, richtiger gesagt, jene Summe von Vorrechten und Revenüen besass, eine Erbtheilung unter vier Erbberechtigten stattgefunden, und in Folge freiwilliger Resignation fanden sich damals die Ansprüche auf $\frac{3}{4}$ der Erbvogteigefälle in der Hand eines Einzigen, des Jacob Schertelzan vereinigt [1]). Mit diesem wurde der Rath nun auf's Schnellste Handels einig, und schon i. J. 1324 [2]) kaufte die Stadt für 120 Mk. [3]) die $\frac{3}{4}$ der Erbvogtei, die jener besass, und erlangte dadurch zugleich die Befugniss, den vorsitzenden Richter in dem Schöffengericht nun selbst zu ernennen, ohne dass der Inhaber des letzten Viertels, ein durch Heirath einer Schertelzan in dessen Besitz gekommener Patrizier, Joh. v. Mollenadorf, seine Viertelsstimme dabei hätte geltend machen dürfen. Doch wird auch dieses letzte Viertel schon 1329 für 40 Mark käuflich von der Stadt erworben [4]).

Im Jahre 1327 ward auch diese Angelegenheit mit der Neustadt in der Weise erledigt, dass der Herzog beide Städte zu einem Ganzen vereinigte. Auch die Neustädter Bürger waren solchem Arrangement nicht abgeneigt, konnten sie doch selbst für sich auch Gewinn hoffen von der Vereinigung mit einem grösseren Gemeinwesen, dessen eifersüchtige Feindschaft sie schwer empfunden, und von dem sie nun statt Unterdrückung Schutz und gleiche Berücksichtigung ihrer Interessen erwarten konnten. Die Urkunde sagt, dass beide fortan unter denselben Gesetzen leben und kein Sonderprivileg der Neustadt mehr Geltung haben sollte [5]). Zum ausdrücklichen Vorbehalt der so vielfach bestrittenen gewerblichen Rechte der Neustädter

---

[1]) Copb. f. 68. Klose I, 623.

[2]) Dass der Kauf schon in diesem Jahre abgeschlossen, erhellt aus d. Henr. paup. p. 50, wenngleich die urkundliche Bestättigung erst unter d. 28. Juni 1326 erfolgte, Copb. f. 67. Klose I, 624. Allerdings findet sich noch ein Schöffenbrief vom 23. Juli 1325 vor, in welchem die Schöffen unter Vorsitz Jakob Schertelzans einen Verkauf bestättigen (Scnitzische Sammlung auf dem Prov. Archiv), doch liesse sich auch ganz wohl annehmen, dass bis zu jener urkundlichen Bestättigung des Verkaufs der Vogtei (28. Juni 1326) Jakob Schertelzan noch die Geschäfte seines bisherigen Amtes fortgeführt habe, andererseits wäre auch möglich, dass jene Urkunde, die wir nur in einer Abschrift besitzen, falsch datirt wäre.

[3]) Zwar werden in der Urkunde 420 Mk. angegeben, doch glaube ich in meiner Anm. 2 zum Henr. paup., p. 50, nachgewiesen zu haben, dass die gewichtigsten Gründe dafür sprechen, die in den Rechnungsbüchern angegebene Summe von 120 Mk. für richtiger zu halten.

[4]) Henr. paup. 55. Allerdings findet sich noch eine Nachzahlung von 25 Mk., sowie 2 Mk. pro pallio mulieris aus dem Jahre 1345. Henr. paup. p. 72, und aus diesem Jahre auch erst die Bestättigung des ganzen Kaufes. Klose II, p. 150, Copb. f. 68.

[5]) Urk. v. 9. Aug. 1327. Klose I, 629. Copb. f. 374.

kam es dabei freilich nicht. Diesem Akte folgte bald (1329) auch der Ankauf der Neustädtischen Erbvogtei von dem berechtigten Besitzer Lucas v. Waldow Seitens des Rathes [1]), während der Herzog, um in Allem beide Städte gleichzustellen, auf den Erbzins, den die Altstadt schon lange nicht mehr bezahlte, auch in der Neustadt in der Weise verzichtete, dass ihn fortan die Breslauer Consuln einziehen und zum Bau, sowie zur Ausbesserung der Brücken verwenden sollten [2]).

Ein dritter Punkt betraf die Befestigung der patrizischen Herrschaft. Diese beruhte, wie wir sahen, nicht auf einem Standesprivilegium, auf einer festen Begrenzung der Klasse der zur Regierung Berechtigten, sondern wesentlich nur auf dem eingeführten Wahlmodus der Cooptation, nach welchem die abgehenden Rathsherren die des folgenden Jahres erwählten. Dieses Palladium der aristokratischen Herrschaft stand aber selbst eigentlich auf unsichern Füssen, es war jener Wahlmodus durch Nichts sanktionirt als den Usus eines halben Jahrhunderts, und wie leicht es in Frage gestellt werden konnte, bewiesen die Vorgänge des Jahres 1314. Deshalb versäumten es die Patrizier nicht, demselben durch ihren lenksamen Herzog die gesetzliche Weihe ertheilen zu lassen, und im Jahre 1327 bestimmt nun auch wirklich Heinrich VI., dass die abgehenden Consuln alljährlich die neuen erwählen und denselben den Eid der Treue abnehmen sollen, denselben Eid, den sie vorher dem Herzog geschworen [3]), eine Bestimmung, welche wohl besonders darauf zielte, den wechselnden Rath immer in denselben politischen Bahnen festzuhalten.

Neben diesen besonders wichtigen Gesetzen wurden noch eine ganze Reihe anderer Anordnungen neu festgesetzt, oder als verfassungsmässig sanctionirt, gleichfalls von nicht geringer Bedeutung für die Ausbildung fester Rechtsverhältnisse nach allen Seiten hin. So finden sich in den eben erwähnten Urkunden eine Bestimmung, welche die Befugnisse des Zaudengerichtes (des altslavischen Gerichtes, in dem die zum Landtag versammelten Adligen unter dem Vorsitz des Herzogs zu Gericht sassen) [4]) dadurch wesentlich beschränkte, dass fortan kein Breslauer Bürger mehr wegen Schulden vor demselben verklagt werden sollte, eine andere Bestimmung war erbrechtlicher Natur und stellte bei allen Gütern, die nicht direkt Lehen waren, die gleiche Berechtigung der männlichen und weiblichen Descendenten fest. Hierzu kam dann noch eine Verordnung, welche den Rath ermächtigte, das Vermögen von

[1]) Klose I, 631, Coph. f. 69. Die uns bekannten Vögte der Neustadt sind also: bei der Gründung 1263 Gerhard v. Glogau (Tzsch. u. St. p. 405, 1272 Godekinus Stillevoit, vergl. o. S. 21, Walter de Pomerio, Klose II, 60. 1329 Lucas v. Waldow (Walters Schwiegersohn).

[2]) Klose I, 631, Coph. f. 376. [3]) Klose, I, 626, Coph. f. 111.

[4]) Stenzel, schles. Gesch. S. 149 u. 260 ff.

Frauen oder Jungfrauen, die sich hatten entführen lassen und bei dem Entführer geblieben waren, so lange unter Sequestration zu halten als der Entführer lebe, welche Maassregel auch auf solche ausgedehnt wurde, die wider den Willen ihrer Familien geheirathet[1]), und die des Genusses ihres Vermögens auf Lebenszeit verlustig gehen sollten. Das Erbrecht der Kinder blieb in beiden Fällen unangetastet. Man sieht, wie damals das Breslauer Patriziat sich erst recht zu fühlen begann und nach allen Seiten hin Front machte; denn wie die Urkunde in ihrem ersten Theile gegen den Land-Adel gerichtet ist, sucht die letztere Bestimmung augenscheinlich Mesalliancen z. B. mit Handwerkern zu verhindern. Dieselbe Urkunde setzt auch noch ein Strafmaass für den unvorsätzlichen Todtschlag fest, welcher, wenn die Unvorsätzlichkeit nachgewiesen werden konnte, nur mit zwei Jahren Verbannung gebüsst werden sollte.

Ein sehr wesentliches Verdienst erwarben sich ferner die Consuln um die Stadt, indem sie vom Herzog 1327 den Erlass eines Zollmandats erlangten, durch dessen genau und fest bestimmte Anordnungen der Willkür der Zöllner eine bestimmte Schranke gesetzt und dem Breslauer Handel der wesentlichste Dienst geleistet wurde[2]). Und aus demselben Jahre haben wir noch ein Edikt des Rathes, welches die Rechte der Breslauer Krämer in ihren Verhältniss zu fremden Kaufleuten auf das Genaueste festsetzt[3]). Endlich ist noch ein Gesetz zu erwähnen, welches unzweifelhaft im Interesse grade der Aermeren gegeben war, wenn es gleich unter den Zünften Unzufriedenheit erregt hat, nämlich die Autorisation des Rathes durch den Herzog (1327), neben dem herkömmlichen[4]) freien Brotmarkt am Donnerstag (an welchem die Landbäcker in der Stadt ihre Waaren feil bieten durften), einen zweiten für Sonntag veranstalten zu dürfen, auch sonst, so oft es dem Rathe nothwendig erschiene, einen freien Markt anzusetzen und solchen auch wieder aufzuheben, Maassregeln nothwendig geworden (wie die Urkunde sagt) durch die Nachlässigkeit der Bäcker, welche es oft habe dahin kommen lassen, dass die Einwohner für ihr gutes Geld nicht einmal hinreichend Brot hätten bekommen können[5]).

Merkwürdig ist es, dass diese Fülle von Privilegien, welche in den kurzen Zeitraum von vier Jahren 1324—28 zusammengedrängt erscheinen, das Budget der Stadt so wenig belastet, dasselbe steigt in dieser ganzen Zeit nicht viel über 2000 Mark. Der Einfluss der Patrizier auf

---

[1]) — — „ane ire negstin und wiezegistin frunde rat", die ganze Urkunde (1327) abgedruckt bei Klose I, 626. Es ist dies nur die weitere Ausführung von jener Bestimmung aus der Zeit Heinrich's IV. deren wir o. S. 29 gedachten (Tzsch. u. St. p. 507, §. 19).

[2]) Siehe unten Beilage 2, Klose I, 625. [3]) Cod. dipl. Sil. III, p. 96.

[4]) Ueber dessen Ursprung findet sich keine Andeutung.

[5]) Klose I, 629, Coph. f. 199.

den Herzog war damals augenscheinlich zu unbeschränkt, als dass dieser sich jene Gunstbezeugungen hätte theuer abkaufen lassen können. In jedem Falle geschah durch diese Gesetze wirklich ein bedeutender Schritt vorwärts, es gaben dieselben dem städtischen Leben, der städtischen Selbstregierung die erforderlichen, rechtlichen Grundlagen und trugen viel dazu bei, das Gebäude der städtischen Freiheit aufs Trefflichste auszubauen. Der Rath handelte wie ein vorsichtiger Miether, dem sein wohlwollender Wirth von seiner Absicht, das Haus zu verkaufen, Mittheilung gemacht, und der es sich nun aufs Eifrigste angelegen sein lässt, viele Verhältnisse, die bisher nach freundlichem Uebereinkommen geordnet waren, jetzt in streng juristischer Weise contractlich zu fixiren, um dann hinter diesem papiernen Bollwerke verschanzt dem Wechsel des Besitzes ruhig entgegen sehen zu können.

Das Herzogthum Breslau wird ein böhmisches Lehn.

Wenn wir jetzt zu der Darstellung des Anschlusses Schlesiens an Böhmen schreiten, weitaus des wichtigsten Ereignisses in der Geschichte unsers Landes, so werden wir nöthig haben, Einiges über die politische Stellung Schlesiens und seiner Fürsten vorauszuschicken. Seitdem wir Schlesien in der Geschichte erwähnt finden, erscheint es als eine polnische Provinz, beherrscht von Fürsten aus dem Stamme der Piasten. Als jedoch im 11ten Jahrhundert Thronstreitigkeiten in diesem Hause ausgebrochen waren und ein Prinz dieses Hauses, Wladislaus, sich hülfeflehend an den deutschen Kaiser Friedrich I. wendete, setzte dessen mächtige Vermittelung es durch, dass die drei Söhne jenes inzwischen gestorbenen Wladislaus Schlesien unabhängig von Polen unter sich getheilt erhielten, 1163[1]). Und nicht nur, dass die schlesischen Piasten diese Unabhängigkeit zu behaupten vermochten, es eröffnete sich sogar ihnen im 13ten Jahrhundert die Aussicht, ihre Herrschaft über Polen auszudehnen. Heinrich I. der II. und der IV. haben zu verschiedenen Zeiten den grössten Theil von Polen besessen und an den Besitz von Krakau nach altem Herkommen den Anspruch einer Oberherrlichkeit über die übrigen polnischen Fürsten geknüpft. Es war dies um so wichtiger, als diese Fürsten es sich angelegen sein liessen, auch in ihren polnischen Ländern deutsche Kolonisten anzusiedeln

[1]) Chr. princ. Pol. p. 95. Röpell Gesch. Polens I., S. 362.

und deutsche Städte zu gründen[1]). Die Deutschen wurden dadurch so schnell zu einer Macht, dass sie zweimal in dieser Zeit die Wahl auf einen ihren Interessen gemässen Fürsten zu lenken vermögen, so einst schon auf Heinrich I., und, wie es speciell die Entwickelung von Breslau interessirt, 1288 auf Heinrich IV., den Herrn von Breslau. Obwohl der Adel jener polnischen Landestheile sich voll Hass gegen die Deutschen Heinrich IV., entgegen stellte, obwohl die andern polnischen Fürsten mit grosser Heeresmacht gegen ihn heranziehen, vermag Heinrich ganz besonders durch die treue Unterstützung der Breslauer Bürger heldenmüthig Widerstand zu leisten und sich in seiner Herrschaft zu behaupten[2]). Diese westlicheren Piasten erschienen ganz für die deutsche Kultur gewonnen und Heinrich IV., wie er deutsche Lieder dichtet und unter den Minnesängern eine Stelle einnimmt[3]), tritt damals als Verfechter der deutschen Interessen auf, gestützt auf die Treue der deutschen Bürger, die er und seine Vorfahren nach Schlesien gerufen, und welche grossartige Perspektive eröffnete sich damals! Es schien das gesammte südliche Polen der deutschen Kolonisation sich erschliessen und hier durch dessen Vereinigung mit Mittelschlesien ein mächtiger Staat erstehen zu sollen[4]). Aber nur zu schnell vernichtete das Schicksal diese glänzenden Aussichten. Schon 1290 starb Heinrich IV., ohne einen Sohn und Erben für sein mächtiges Reich zu hinterlassen und er trennte selbst in seinem Testamente seine polnischen Besitzungen von den schlesischen Erblanden[5]). Um die Erbfolge entstanden blutige Kämpfe in Polen wie in Schlesien, aber die Trennung beider Länder blieb, wenn auch später noch andre schlesische Fürsten Versuche gemacht haben einzelne Theile Polens an sich zu reissen.

Der neue Herr von Breslau, Heinrich von Liegnitz, der den Bestimmungen des Testaments entgegen von den Breslauern gerufen den Thron bestieg und endlich obsiegte, konnte, weit entfernt auf fremde Länder Ansprüche zu erheben, von dem Glogauer Herzoge bedroht, sich kaum selbst in seiner kleinen Herrschaft behaupten. Es muss dies eine trübe Zeit für Breslau gewesen sein, auch der designirte Erbe des Herzog von Glogau hatte seine Partei in der Stadt, und wie schlimm es damals hier aussah, zeigt am Besten die Anrede, welche damals die Consuln

---

[1]) So erhalten z. B. Krakau und Sendomir schon zwischen dem Jahre 1340 magdeburger Recht. (Röpell, Poln. Geschichte, S. 579.)

[2]) Dlugoss, lib. VII, 844. Stenzel, Schles. Gesch., S. 105.

[3]) Als Heinrich von Presla erscheint er in diesem Kreise. Der Tannhäuser preist ihn als Liebling der Frau Ehre, der Friede und Recht auf seiner Strasse aussende und von dessen Milde die Deutschen sagten, dass er das Gut von 1000 Fürsten hingeben würde, wenn er es hätte.

[4]) Röpell, Gesch. Polens I, S. 544.

[5]) Das Testament ist abgedruckt bei Stenzel, Urkunden z. Gesch. des Breslauer Bisth., p. 252.

an die Bürgerschaft hielten, um sie zur Wachsamkeit und zur Vertheidigung zu ermuntern[1]). Schon damals schien die Strömung der Zeit die schlesischen Fürsten der Böhmischen Herrschaft entgegen zu treiben.

Es ist bekannt, eine wie gewaltige Stellung einst Ottokar von Böhmen in dem deutschen Süd-Osten eingenommen. Dieser übte auch einen bedeutenden Einfluss auf die schlesischen Fürsten aus, denen er überdies durch Familienbande nahe stand[2]). Er erscheint als Schiedsrichter in ihren Streitigkeiten[3]), diese suchen ihn in Prag auf[4]); als Heinrich IV. in die Gefangenschaft seines Vetters Boleslaus gerathen ist, befreit ihn hauptsächlich Ottokars Verwendung[5]). Als Ottokar mit Rudolph von Habsburg im Kriege ist, verlangt er Hülfe von den schlesichen Fürsten[6]). Aufs Engste erscheint er aber mit Heinrich IV. von Breslau verbunden. Schon in frühester Jugend hatte dieser an seinem Hofe in Prag verweilt und war von ihm als Verwandter wie ein Sohn gehalten worden[7]). Ottokar selbst schickte einen seiner Familie nach Breslau, um dort zu studiren[8]), und empfiehlt denselben besonders dem Herzoge. Heinrich seinerseits verspricht bei seinem Regierungsantritte sich ganz nach dem Rathe des Königs richten, sich nur von diesem wehrhaft machen zu lassen und sein Hofgesinde in dieselbe Farbe wie das des Königs kleiden zu lassen[9]). War nun gleich Heinrich IV. ein viel zu selbständig gearteter Charakter, als dass er durch solche in früher Jugend gegebene Versprechen sich für alle Zeiten hätte zu vollkommener Abhängigkeit verpflichten lassen, so ist doch nicht zu leugnen, dass zwischen ihm und Ottokar die allerengste Verbindung zu allen Zeiten bestanden hat. Zwischen Beiden war ein Erbvertrag geschlossen worden[10]), der Ottokar die Erbfolge in Heinrichs Landen zusicherte, während dieser, wenn er der Ueberlebende wäre, Glatz erhalten sollte, ferner sahen wir schon oben, wie warm sich Ottokar bei Heinrichs Gefangenschaft für diesen verwendet, dieser seinerseits nahm thätigen Antheil an dem Feldzuge der Böhmen gegen Ungarn 1271[11]), und als der grosse Kampf gegen Rudolph von Habsburg ausbrach, stritt Heinrich an der Seite seines königlichen Freundes[12]). Die Schlacht auf dem Marchfelde den 26. Aug.

---

1) Cod. dipl. Siles. III. p. 150. Allerdings ist dieses Bruchstück in sehr entstellter Gestalt auf uns gekommen.

2) Stenzel, Ss. II, 469. Anmerk. 1.

3) Chron. Polonor. Stenzel Ss. I, p. 31.

4) Stenzel, Ss. II, 476.

5) Wir besitzen über diesen Punkt noch einen Brief Ottokars. Stenzel, Ss. II. 476, schles. Gesch. S. 69.

6) Vergl. den Brief Ottokars bei Stenzel, Ss. II, 479.

7) So schreibt Ottokar an seine Gemahlin Kunigunde, der er Heinrich IV. noch besonders anempfiehlt, ibid. 468.

8) Insudare valeat studio literali ibid. 464.

9) Ibid. 467.

10) Stenzel, schles. Gesch. S. 65.

11) Ebendas.

12) Ebendas. S. 69.

1278 entschied nun gegen Ottokar, sie kostete ihm Sieg und Leben, und auch Heinrich eilte seinen Frieden mit dem Sieger zu schliessen, er nahm sein Land von dem deutschen Kaiser zu Leben[1]). Dabei verfehlte jedoch Heinrich nicht, die Anrechte, welche ihm die enge Verbindung, in welcher er mit Ottokar gestanden hatte, geltend zu machen. Nicht nur, dass er jetzt sogleich von dem ihm nach jenem früheren Erbvertrage zukommenden Glätzischen Gebiete Besitz ergriff, er machte auch Anspruch auf die Vormundschaft über den unmündigen Sohn Ottokars. Er kämpfte darum 1279 vor den Thoren Prags mit dem Brandenburgschen Markgrafen Otto dem Langen, und wenn er auch seinem Anspruche durch einen ehrenvollen Vergleich entsagte, behielt er doch noch immer grossen Einfluss auf Böhmen, und es gab unter dem Adel dieses Landes eine ihm so wohlgesinnte Partei, dass Wenzel II. sich durch den Gedanken sehr beunruhigt fühlte, Heinrich IV. könne selbst Ansprüche auf die Böhmische Krone erheben. Diesen indess trieb, wie wir wissen, sein Ehrgeiz auf andre Bahnen. Er kehrte seine Waffen 1288 gegen Polen und erneuerte mit Wenzel II. die früheren Freundschaftsbündnisse und Erbverträge[2]).

Obwohl nun Heinrich in seinem Testamente jenes Erbvertrages mit keinem Worte Erwähnung thut, vielmehr in diesem an den König von Böhmen nur das Glatzer Gebiet vermacht und auch dieses noch mit der Verpflichtung, über die sonstige Ausführung des Testamentes zu wachen und dasselbe zu vertheidigen[3]), so nahm doch Kaiser Rudolf, der mit dem Sohne seines Feindes Ottokar enge Freundschaft geschlossen und diese durch die Hand seiner Tochter besiegelt hatte, von jenen Erbverträgen her Veranlassung, unmittelbar nach dem Tode Heinrichs IV. 1290 dessen Länder an seinen Schwiegersohn Wenzel II. von Böhmen als Reichslehen zu übertragen[4]). So schien schon damals der grösste Theil Schlesiens an Böhmen fallen zu sollen, wie denn Herzog Kasimir von Oppeln schon gegen Ende des Jahres 1288 sein Land von Böhmen zu Lehen genommen hatte[5]), doch Wenzel II. lockt ein höherer Preis, er erkämpft sich die polnische Königskrone. Als er deren Besitz erworben, scheint er allerdings versucht zu haben, sich auch Schlesien zu unterwerfen, doch scheiterte das Unternehmen an der festen Haltung des kriegerischen Herzogs Boleslaus (Bolko) von Schweidnitz, welcher nach dem

[1]) In welchem Jahre dies geschah wissen wir nicht, unsre Kenntniss von der Sache stützt sich allein auf die bei Sommersberg I, 893 abgedruckten Urkunden Rudolf's vom Jahre 1290, doch vermuthet Stenzel wohl nicht mit Unrecht, dass es nach der Schlacht auf dem Marchfelde geschehen sei. (Schles. Gesch. S. 108.)

[2]) Stenzel, schles. Gesch. S. 108. Kaiser Rudolf weist in seiner Urkunde vom 25. September 1290 ausdrücklich auf einen Erbvertrag mit Wenzel hin. Sommersberg I, 892.

[3]) Stenzel, Urkunden zur Geschichte des Bisthums Breslau. p. 253.

[4]) Sommersberg, I, 892. [5]) Sommersberg I, 881.

Tode seines Bruders Heinrich's V. 1296 die Regentschaft für die unmündigen Söhne des Letzteren führte[1]). Bolko starb indess schon 1301, und durch die verschwenderische Regierung des Bischofs Heinrich wenig befriedigt, drängten jetzt die Stände[2]) des Herzogthums Breslau selbst zu dem Anschluss an Böhmen: sie warben bei Wenzel II. um die Hand von dessen Tochter Margareta für den ältesten der Herzöge, den jungen Boleslaus, den der König auch wirklich, obwohl derselbe noch nicht dem Knabenalter entwachsen[3]) war, schon beim Beginn des Jahres 1303, wo nicht noch früher, zu seinem Schwiegersohn machte. Denn am 13. Januar 1303 stellt bereits Boleslaus die merkwürdige Urkunde aus, in welcher er seinem Schwiegervater alles Land auf dem rechten Oderufer abtritt, was Heinrich I. von Glogau einst seinem Vater abgepresst hatte, sich auch verpflichtet, dazu den Consens seiner Brüder Heinrich und Wladislaus zu verschaffen[4]), eine Schenkung, die wohl hauptsächlich aus dem Wunsche des jungen Herzogs entsprang, sich an dem verhassten Bedränger seines Vaters gerächt zu sehen, doch hat Wenzel, soviel wir wissen, keine Anstalten gemacht, um jene Ansprüche mit gewaffneter Hand zur Geltung zu bringen; viele Vortheile konnte er sich auch von der Eroberung der seinen Grenzen fernliegenden Landestheile nicht versprechen, und die polnischen Angelegenheiten machten ihm selbst viel zu schaffen[5]). Dagegen übernimmt jetzt (1303) Wenzel die Vormundschaft über seinen jungen Schwiegersohn. In einer Urkunde vom 29. August 1303 nennt dieser Wenzel mit der Bezeichnung domini nostri et tutoris[6]). Und wirklich war schon damals der böhmische König Herrscher in Breslau, Boleslaus hielt sich fortwährend in Prag

---

[1]) Dass an der hierauf bezüglichen Darstellung des Chr. princ. Pol. p. 121, trotz der Zweifel Stenzel's Anm. 1., doch was Wahres ist, zeigen die Notizen im Henr. paup. p. 3 und Anm. 5 und p. 5 nebst Anm. 1. Wenn in der Chronik gesagt wird, Bolko habe eine solche Macht gehabt, dass er sich nicht nur dem Könige von Böhmen sondern sogar dem Kaiser, die in sein Land einzudringen versucht hätten, mit Erfolg habe widersetzen können, so ist dies allerdings, wenigstens was die Theilnahme des Kaisers anbetrifft, unzweifelhaft unrichtig, doch lässt sich wohl aus der ungenauen Darstellung mit Sicherheit festhalten, dass der böhmische König auf die kaiserliche Autorisation (jene erwähnte Belehnung) gestützt, Mittelschlesien sich zu unterwerfen versucht hat, seine Anschläge aber gegen Bolko's Entschlossenheit und seine trefflichen Vertheidigungsanstalten ohne Erfolge geblieben sind.

[2]) An dieser Stelle nennt das Chr. princ. Pol. (p. 125) nur ganz kurz die „terrigenc", aber kurz vorher hat dasselbe bei Gelegenheit der Wahl Bischofs Heinrich zum Regenten jenen Begriff erklärt als „barones, vasalli, milites, cives et majores terre simul congregati."

[3]) — Annorum quindecim existentem vel citra — — sagt das Chr. princ. Pol. p. 125.

[4]) Urkunde bei Sommersberg I, 943.

[5]) Andere Vermuthungen über die Gründe, welche Wenzel damals gehindert, hat Klose I, 594 aufgestellt.

[6]) Angeführt bei Stenzel Ss. I, 116, Anm. 3. Nach dem Tode Bolko's 1301 war der Bischof Heinrich von Breslau Vormund der drei Söhne Heinrich's V. geworden und noch 1302 wird er im Henr. paup. (p. 11) ausdrücklich als solcher bezeichnet; auch nachdem er die Vormundschaft über Boleslaus an Wenzel abgetreten, bleibt er Vormund über die beiden andern Prinzen, so nennt er sich in einer Urkunde vom 26. Mai 1305 episc. Wratislav. et capitaneus ibidem Copiar. St. Clare f. 131 (Prov. Arch.), und noch 1308 bezieht er von der Stadt 520 Mark (Henr. paup. p. 21), augenscheinlich doch noch in seiner Eigenschaft als Vormund.

auf, die Breslauer Consuln schicken ihre Gesandtschaften dorthin, 1304 erscheint ein Böhmischer Hauptmann hier, um die Steuern einzuziehen[1], und noch 1305 zahlen die Breslauer an den König von Böhmen 497 Mark[2]) von den regelmässigen Steuern.

Als deshalb den 21. Juni 1305 Wenzel II. starb, hielt sein junger Sohn Wenzel III. die Ansprüche auf Breslau aufrecht, welche er auf jene Belehnung Kaiser Rudolfs gründen konnte, und bei dem Frieden, den derselbe kurz nach dem Tode seines Vaters mit dessen Gegner Kaiser Albrecht von Oestreich abschloss, wird auch des böhmischen Anrechts auf Breslau gedacht und in Bezug hierauf die Entscheidung zwei Schiedsrichtern überlassen, welche die beiden Parteien erwählt hatten, nämlich dem Grafen Bertold von Henneberg und dem Burggrafen Burkhard von Magdeburg[3]). Dass wir von dieser Entscheidung weiter Nichts hören, darf uns nicht sehr befremden, denn ehe noch seit jenem Friedensschlusse ein Jahr vergangen war, veränderte ein unerwartetes Ereigniss mit einem Schlage die ganze Lage der Dinge. Am 4. August des Jahres 1306 ward Wenzel III., auf einem Feldzuge gegen Wladislaus Lokietek von Polen begriffen, zu Olmütz ermordet[4]), mit ihm erlosch das Geschlecht der Przemysliden, und schwere innere Kämpfe schienen die gesammten Machtverhältnisse des Böhmischen Reiches in Frage stellen zu wollen.

Als es endlich im Jahre 1310 dem Ansehen des deutschen Kaisers Heinrich's VII. gelang, seinem Sohne Johann mit der Hand der böhmischen Prinzessin Elisabet, einer Schwester Wenzel's III., den Thron von Böhmen zu verschaffen, lag auch darin eine vielversprechende Aussicht nicht. War doch der neue König noch ein unmündiger Knabe und eine grosse Partei im Lande ihm feindlich. In der That dauerte es fast ein Dezennium, bis Johann zur unbestrittenen Herrschaft über Böhmen gelangen konnte.

Unter den Prätendenten hätte auch der schlesische Herzog Boleslaus als Gemahl einer Schwester Wenzel's III. Ansprüche auf die Böhmische Krone erheben können, doch scheint er nie daran gedacht zu haben, er war vollauf mit den Händeln beschäftigt, die er in Schlesien unaufhörlich unterhielt. Da es ihm, wie wir sahen, nicht gelungen war, Wenzel II. zu bewegen, das Amt eines Rächers an Heinrich von Glogau zu übernehmen, so liess er dies sich selbst angelegen sein, und seit er aus Prag zurückgekehrt selbst die Regierung übernommen (1305), sehen wir ihn in immer erneute Fehden mit Glogau verwickelt[5]). Noch schlimmere Streitigkeiten

[1]) Henr. paup. p. 15.
[2]) Henr. paup. p. 16 und die Anm. 6.
[3]) Aus der Ratifikationsurkunde Nürnberg den 18. August 1305 bei Riedel Cod. dipl. Brandenburg II, 1. p. 265.
[4]) Palacky Gesch. von Böhmen II, 1. S. 406.
[5]) Die erste dieser Fehden fand 1307 statt, Henr. paup. p. 18. Hierdurch wird die Angabe des Chr. princ. Pol. p. 126, wo der Anfang dieser Kriege erst nach dem Tode Heinrich's von Glogau gesetzt wird, dem auch Stenzel, schles.

bereitete er aber seinen eigenen Brüdern, als diese im Jahre 1311 das väterliche Erbe, die drei Fürstenthümer Liegnitz, Breslau, Brieg mit ihm in der Weise getheilt hatten, dass er selbst das kleinste Brieg nahm, dafür aber durch bedeutende Geldsummen entschädigt ward. Zunächst wusste er seinen Bruder Wladislaus, dem Liegnitz zugefallen war, der aber die ausbedungene Summe nicht aufzubringen vermochte, aus seinem Erbe zu verdrängen, dann aber trat er auch mit Absichten auf Breslau, das Erbtheil Heinrich's (VI.) hervor, obwohl hier jener Vorwand nicht anzubringen war, da Ritterschaft und Bürger den Breslauer Herzog in den Stand gesetzt hatten, die Entschädigungssumme sogleich baar zu entrichten. Boleslaus verlangte zunächst, Heinrich solle Breslau gegen Liegnitz[1]) vertauschen, und als dieser das unbillige Verlangen zurückwies, bedrängte er ihn auf alle Art, plünderte und brandschatzte sein Gebiet. Heinrich fühlte sich nicht stark genug zu energischem Widerstande, er suchte fremden Schutz und zwar zunächst an dem Hoflager des deutschen Kaisers Ludwig von Baiern 1323, dem er ja schon 1315 mit Heeresmacht zu Hilfe gezogen war[2]). Doch von Ludwig, welcher auch nach dem Mühldorfer Siege noch eine mächtige Partei zu bekämpfen hatte, war wirksame Hülfe nicht zu erwarten, wohl erkannte er das Herzogthum Heinrich's VI. als Reichslehen an, sonst aber beschränkte er sich darauf dem Schutz suchenden Fürsten eine Urkunde zu ertheilen, in welcher er diesem, der keine männlichen Erben hatte, gestattete, sein Land als Reichslehen auch auf seine Töchter zu vererben[3]).

Inzwischen wuchs die Keckheit Boleslaus' von Tag zu Tage, und da er den Widerstand, welchen Heinrich seinen Zumuthungen entgegensetzte, auf Rechnung von dessen Ministern schrieb, so suchte er diese in seine Gewalt zu bekommen, indem er zugleich hoffte, sein Bruder werde dann, um diese aus der Gefangenschaft zu befreien, zu Concessionen sich bereiter finden

---

Gesch. S. 116, gefolgt ist, berichtigt. Ob auch die Stelle des Henr. paup. zum Jahre 1312 p. 34 auf diese Kämpfe zu beziehen ist, wage ich nicht zu entscheiden.

[1]) So das Chr. princ. Pol., die Hauptquelle für diese Vorgänge p. 129 und so auch Stenzel, schles. Gesch. S. 121. Klose II, 80, und Palacky II, 2, 163, haben statt Liegnitz Brieg, ich weiss nicht worauf gestützt.

[2]) Ich glaube mit Stenzel (schles. Gesch. S. 120), dass die Notiz des Henr. paup. p. 88 über des Herzogs „militia in Renum" so zu deuten sei, nicht, wie der alte Glossator zu dieser Stelle meint, zum Beistande von Ludwig's Gegenkönig, Friedrich von Oestreich, der allerdings Heinrich's Schwager war.

[3]) Fulda den 20. April 1323 bei Sommersberg I, 893. Pachaly in seinem Aufsatze über die Vereinigung Schlesiens mit Böhmen (Versuche über die schlesische Geschichte in einzelnen Abhandlungen S. 63) sieht diese Urkunde als einen Vertrag an, welcher nur unter der Bedingung des gehofften Schutzes verbindlich gewesen sei, und schliesst dies daraus, dass bei dem späteren Erbvertrage mit König Johann weder des Lehnsverhältnisses noch der Erbberechtigung der Töchter gedacht worden sei, eben weil damals der Beistand Ludwig's ausgeblieben. Doch ist dies nur eine Vermuthung. Johann hat später, 1327, allerdings jene Urkunde ignorirt, aber es ist doch sehr wahrscheinlich, dass er dies gethan, weil es ihm vortheilhafter dünkte und er wohl wusste, dass Ludwig, in Händel genug verwickelt, nicht um Schlesiens willen noch mit ihm Krieg anfangen werde.

lassen. So liess er einen der Rathgeber Heinrich's, den Canonicus Heinrich von Banz, während derselbe einer Sitzung des Capitels in der Egidienkirche beiwohnte, durch seine Bewaffneten aufheben und in seinen Gewahrsam nach Jeltsch bringen, von wo ihn aber seine Freunde bald befreiten. Ein zweiter Angriff traf einen Breslauer Bürger aus der alten Patrizierfamilie derer von Mollensdorf, welcher beim Herzoge sehr viel galt. Er liess ihn in der Elisabetkirche überfallen. Als diesen keine Drohungen abhalten konnten, fortwährend um Hilfe zu rufen, stachen ihn die Schergen Boleslaus's, Gefahr von dem Zusammenlauf der Bürger fürchtend, nieder, und während der Unglückliche leblos von dem Pferde, auf welchem man ihn fortführen wollte, herabsank, entflohen die Mörder und theilten den Hergang der Sache ihrem Herzog mit, dem freilich der blutige Ausgang nicht genehm war[1]).

Es ist höchst merkwürdig, dass die Breslauer, welche doch früher ihren Fürsten zu weitaussehenden Unternehmungen so wirksamen Beistand zu leisten vermochten, jetzt, wo es sich um die Vertheidigung der eignen Stadt handelte, ihren Herzog schutzlos liessen[2]), aber dass dem so war, dass Heinrich in der That des Beistandes einer fremden Macht bedurfte, zeigen jene Vorgänge unwiderleglich. Wo sollte er aber, im Stiche gelassen vom deutschen Kaiser, denselben finden, als bei einem der beiden mächtigen Staaten, die ihn umgaben, Polen oder Böhmen, zwischen denen sich gerade in den Jahren, von denen wir hier sprechen, 1326—27, ein gewaltiger Krieg vorbereitete, in welchem die schlesischen Fürsten kaum neutral bleiben konnten.

Man kann überzeugt sein, dass die Entscheidung zwischen beiden Mächten für Heinrich VI. keineswegs ganz leicht war, und dass mancherlei Gründe gegen den Anschluss an Böhmen und für Polen sprachen. Stand doch Johann von Böhmen mit Heinrichs Feind und Bedränger, seinem Bruder Boleslaus, in den engsten Beziehungen. Nicht nur, dass Familienbande (als Schwäger) Beide verknüpften, es war auch schon 1315 zwischen Beiden ein gegenseitiges Vertheidigungsbündniss auf Lebenszeit abgeschlossen worden, und Boleslaus hatte dem Könige in den Kämpfen um seine allgemeine Anerkennung in Böhmen den wirksamsten Beistand geleistet und noch im Jahre 1321 während Johanns Abwesenheit als dessen Statthalter das Land regiert. Andrerseits war in den Piastischen Fürsten Schlesiens das Gefühl des einstmaligen Zusammenhangs mit Polen keineswegs ganz erloschen, sie heissen ja noch immer die

[1]) Der ganze Bericht aus dem Chr. princ. Pol. p. 130, 131.

[2]) Aus den städtischen Rechnungsbüchern des Henr. paup. ist wenig über die kriegerischen Anstrengungen der Breslauer zu ersehen, vom Jahre 1321 an ist alljährlich eine wechselnde Summe, 100—200 Mark, pro capitaneo, also wohl einen gemietheten Söldnerhäuptling ausgeworfen, und 1322 ist von einer expeditio in Trachenberk die Rede (p. 49).

principes Poloniae[1]). So heisst es auch in einer uns erhaltenen Stelle eines Briefes der Breslauer an Papst Klemens V., ihre Stadt liege im polnischen Reiche[2]), und der polnische Chronist Dlugoss berichtet sogar, die schlesischen Fürsten hätten noch im 14. Jahrhundert sich darüber beklagt, dass sie nicht mehr zu den Berathschlagungen der polnischen Grossen und zur Wahl der Könige (z. B. zu der des Wladislaus Lokietek 1310) zugezogen würden[3]). Und Polen war am Anfange des 14ten Jahrhunderts keineswegs mehr das ohnmächtige, von inneren Kriegen zerrissene Reich, wie es uns in der zweiten Hälfte des 13ten Jahrhunderts erscheint. Wladislaus Lokietek, ein Fürst, der wie einst Pipin mit auffallender Kleinheit des Körpers eine grosse Energie des Charakters verband, früher schon ein gefürchteter Gegner Wenzels von Böhmen, war nach dessen Tode Herr seiner Feinde geworden, und 1320 hatte er sich feierlich die polnische Königskrone zu Krakau aufs Haupt setzen lassen; seine Machtstellung musste nothwendig einen gewissen Druck auf die schwachen schlesischen Fürsten ausüben, und dass er die schlesischen Verhältnisse im Auge hatte und einen Einfluss auf dieselben übte, sehen wir aus dem Vertrage, den er 1323 zwischen den Fürsten von Brieg und Namslau vermittelte[4]), und auch die Breslauer senden 1323 50 Mark nach Kalisch dem polnischen Könige[5]). Das vermögen wir also aus Allem zu erkennen, dass es nicht die grössere politische Macht gewesen, welche Heinrich VI. schliesslich auf die Seite Böhmens gezogen, und dass nur Unkenntniss der Verhältnisse und nationale Eitelkeit aus dem böhmischen Schriftsteller Dubravius spricht, wenn er meint, die schlesischen Herzöge hätten sich von Polen als einer bald einstürzenden Wand zum König in Böhmen als einer festen Mauer geneigt[6]). Vielmehr hielten sich beide Mächte Böhmen und Polen damals ziemlich die Wage, und wenn es auch sicher Erfindung späterer polnischer Chronisten ist, dass Heinrich Breslau zuerst an

---

[1]) So bezeichnet sie ja auch noch das am Ende des 14ten Jahrhunderts geschriebene vielfach citirte Chron. princ. Pol., und in noch viel späterer Zeit schreibt der böhmische Chronist Dubravius (Freher Ss. rer. Bohem. p. 174): Pars major illorum (principum Silesiae) regem Poloniae respiciebant, quoniam indidem ex Poloniae omnes fere Silesiae principes originem ducebant, et quemadmodum ipsi Poloni, ita Silesia quoque ab ipsis Polonia tunc cognominabatur.

[2]) Pols Jahrbücher v. J. 1312: „In diesem Jahre haben die Rathmänner der Stadt Breslau an Papst Klemens geschrieben diese Worte: quia Poloniae regnum, in quo civitas Vratislavia tanquam famosior etc., scilicet daraus zu sehen, wes Landes sich die Breslauer gehalten haben." Dieselbe Stelle findet sich auch unter den annalistischen Zusätzen zu dem Faber'schen Rathskatalog, wo das etc. fehlt und statt scilicet das Wort sitieat steht. Von dem ganzen Briefe wissen wir sonst weiter Nichts, doch ist er sicher bei Gelegenheit der lebhaften Verhandlungen über den Peterspfennig geschrieben, die am Anfange des 14ten Jahrhunderts stattfanden (Henr. paup. p. 89 Anm. 1). Die römische Kurie hielt immer daran fest, dass Schlesien zu Polen und nicht zum deutschen Reiche gehöre, aus dem einfachen Grunde, weil Polen den Peterspfennig zahlte und das deutsche Reich nicht.

[3]) Hist. Pol. lib. 9 ad annum 1327.

[4]) Stenzel, schles. Geschichte S. 117.

[5]) Henr. paup. p. 49. Näheres wissen wir über diese Sendung nicht.

[6]) Hist. Bohem. lib. XXI. ap. Freher. p. 175.

Polen übertragen, so zweifle ich doch nicht, dass ein solcher Gedanke zur Sprache gekommen und von manchen Seiten her dem Herzoge empfohlen worden ist[1]).

Das, was in dieser Sache den Ausschlag gegeben hat, war Folgendes: Es existirte in Wahrheit eine schwer übersteigliche Schranke, welche fortan Schlesien auf immer von Polen schied. Diese lag in der in Schlesien so mächtig fortgeschrittenen Germanisirung. Wladislaus Lokietek war ja in Polen eben durch jene Partei des Adels emporgekommen, welche das Eindringen der Deutschen in die slavischen Gebiete mit der grössten Erbitterung erfüllt hatte, sein Sieg brachte ganz von selbst die Unterdrückung des deutschen Elements mit sich, welches, wie wir sahen, im 13ten Jahrhundert auch in dem Süden Polens schnell Wurzeln geschlagen hatte. Wladislaus galt für einen erbitterten Feind der Deutschen, und noch 1312 hatte seine Härte gegen die deutschen Kaufleute in Krakau diese zur Empörung gedrängt. Hätten die Deutschen Mittelschlesiens (und zu diesen gehörten damals nicht nur die Bürger der Städte, sondern auch der grösste Theil des Adels[2]), den Anschluss an einen solchen Fürsten zugegeben, sie hätten dadurch ihr eignes Todesurtheil unterzeichnet. Allerdings war auch Böhmen ein ursprünglich slavischer Staat, indessen hatte sich hier deutsche Cultur im 13ten Jahrhundert vollständig festzusetzen vermocht, und wenn schon die Przemysliden (vor allen wieder Ottokar) für eifrige Freunde der Deutschen gegolten hatten, so war jetzt, wo hier ein deutsches Fürstenhaus den Thron bestiegen hatte, an eine gewaltsame Unterdrückung der deutschen Colonisten nicht zu denken. Neben jenem entscheidenden, aus den ersten Pflichten der Selbsterhaltung hervorgegangenen Beweggrunde, können andere Motive nur in zweiter Reihe genannt werden, z. B. die Vortheile, welche sich die Breslauer Kaufleute für ihren Handel von dem Anschluss an einen grossen Staat versprechen durften, durch welchen ihnen der Weg nach dem Süden, nach Venedig, dem damaligen Hauptstapelplatze des Welthandels, gebahnt oder wenigstens erleichtert werden konnte, und nicht minder der von einem mächtigen deutschen Fürsten vor den jetzt allen Verkehr lähmenden, unaufhörlichen Fehden und Räubereien sicher zu hoffende Schutz.

Ausdrücklich wird uns nun in dem Chron. princ. Pol. (p. 130) berichtet, dass Heinrich bei diesem wichtigen Schritte nach dem Rathe des Adels und der Bürgerschaft seines Fürstenthums gehandelt habe, und dass die Breslauer bei den Unterhandlungen mit Johann sehr thätig gewesen sind, sehen wir auch aus den Aufzeichnungen des Henr. paup., wo schon in

---

[1]) Der Leser findet eine kritische Beleuchtung der Berichte der Chronisten (auch der späteren) bei Thebesius Liegnitz. Jahrbücher II. Cap. 27 p. 163—167 und besser und vollständiger noch bei Klose in dem ganzen 41ten Briefe, II, 79—98.

[2]) Wie wir aus den in den Urkunden vorkommenden Namen der Zeugen sehen.

dem Jahre 1325 eine 2malige Reise der Breslauer Consuln nach Prag erwähnt wird[1]). König Johann hatte übrigens seit langer Zeit seine Hand in den schlesischen Angelegenheiten, schlesische Fürsten fochten mit ihren Rittern in seinen Diensten[2]), in Oberschlesien hatten sich, wie wir sahen, schon unter Wenzel II. (1289) mehrere der dortigen Fürsten in den Schutz der Böhmischen Krone begeben, und neuerdings (1318) hatte einer der eifrigsten Anhänger Johanns das Herzogthum Troppau erlangt. Auf der andern Grenze Schlesiens aber war Johann in die Lausitz siegreich eingedrungen. Er hatte sich nämlich unter denjenigen befunden, welche einst den Tod des mächtigen Ascaniers Waldemars benutzten, um einen Theil von dessen Erbe zu erlangen. Seinen Waffen erlag sein Mitbewerber Herzog Heinrich von Jauer, und ein Theil der Lausitz fiel in seine Hände. So umspannte nach Aussen und Innen der böhmische Einfluss Mittelschlesien und Breslau.

Eigenthümlich erscheint Johanns Verhalten zu dem Herzoge von Liegnitz und Brieg, seinem Schwager Boleslaus. Wie wir schon sahen, erscheint dieser noch 1321 aufs Engste mit dem Könige verbunden, und auch später beruft er sich ausdrücklich auf die früher geschlossenen und auf das Sakrament beschworenen Freundschaftsbündnisse[3]). Daneben sehen wir ihn aber doch auch im besten Einvernehmen mit Johann's ärgstem Feinde, Wladislaus von Polen. Dieser vermittelt den für Boleslaus so günstigen Frieden mit Conrad von Namslau[4]), und in einer Urkunde vom 18. Juni 1325 nennt Wladislaus den Boleslaus von Brieg ausdrücklich seinen Bundesgenossen[5]). Es ist gar nicht unwahrscheinlich, dass er damals, wo er wohl schon von den Unterhandlungen Heinrich's mit Böhmen erfahren hatte, den König von Polen zum Kriege gegen seinen Bruder veranlasste (1326); als Vorwand musste für Wladislaus dienen, dass die Breslauer einen Räuber, einen geborenen Polen, hingerichtet hatten. Heinrich befand sich in nicht geringer Verlegenheit. Der König von Böhmen trieb sich damals 1326 auf fernen Kriegszügen abenteuernd umher, so suchte sich denn Heinrich durch ein Bündniss mit dem Hochmeister des deutschen Ordens zu schützen[6]). Wirklich scheint im Jahre 1326 nichts Ernstliches gegen ihn unternommen worden zu sein, und als dann mit dem Beginn des Jahres 1327 Johann wieder nach Böhmen zurückkehrte, nach seiner Art

---

[1]) p. 51.

[2]) So bei Mühldorf 1322. Vergl. Wattenbach, schles. Ritter i. d. Schl. bei Mühldorf, Zeitschr. des schles. Vereins II. 1. 190.

[3]) Chron. princ. Pol. 130. [4]) Stenzel, schlesische Geschichte. 117.

[5]) Schöttgen et Kreysig, Dipl. et Ss. III. 31. Auch das handschriftl. Formelbuch Arnolds von Protzan (dessen wir noch näher gedenken werden) enthält eine Reihe von (allerdings nicht datirten) Urkunden, in denen Boleslaus immer als eng verbündet mit Wladislaus erscheint.

[6]) Die Urkunden bei Sommersberg. III, 77.

wieder auf neue Kriegszüge sinnend, erfasste er sogleich mit der ihm eigenen Lebhaftigkeit den Gedanken, die polnische Krone zu erkämpfen, die ja einst das Haupt seines Schwiegervaters Wenzel geschmückt, und auf die er noch immer Ansprüche erhob [1]).

Nun mussten auch über Schlesiens Schicksal die Würfel fallen. Der gegen Polen begonnene Feldzug wurde sehr schnell beendigt, indem schon im Februar Karl Robert von Ungarn, der Schwiegervater des polnischen Königs, einen Frieden vermittelte, und als dann Johann den Rückweg über Oberschlesien nahm, huldigten ihm die Herzöge von Falkenberg, Teschen, Kosel, Auschwitz und Ratibor als ihrem Landesherrn [2]). Bei seiner Rückkehr nach Prag, also etwa im März, suchte Heinrich VI. den böhmischen König in dessen Lande auf [3]) und trat mit ihm in Unterhandlungen. Als man einig geworden war, und zwar wie es scheint auch unter Zuziehung der Breslauer Consuln [4]), die dem Könige ein Ehrengeschenk überreichten [5]), kam Johann selbst am 4. April nach Breslau, wo dann der definitive Vertrag am 6. desselben Monats geschlossen ward [6]). Derselbe besagt etwa Folgendes: Heinrich von Breslau übergiebt um des allgemeinen Besten und der Ehre willen sein Herzogthum an Johann, König von Böhmen,

---

[1]) Palacky II, 2. 160.

[2]) Es ist nicht abzusehen, weshalb Palacky II, 2,162 die Huldigungen der vier Herzöge als vor dem Feldzuge erfolgt annehmen kann, da er doch selbst anführt, dass dieselben am 18., 19. und 24. Februar vor sich gingen (Sommersberg I, 804, 607, 883, 884), während der den Feldzug beendende Vermittelungsantrag Karl Roberts von Ungarn auch nach Palackys Angabe vom 31. Februar datirt ist (Böhmers Regesten No. 208), auch lässt sich aus den Regesten nachweisen, dass Johann vor dem 13. Februar gar nicht nach Schlesien gekommen ist, noch den 11. Februar hat er zu Brünn eine Urkunde ausgestellt. Uebrigens ist Stenzel (schl. Gesch. S. 119) Palacky in dieser irrigen Meinung gefolgt.

[3]) Stenzel schles. Gesch. S. 121 lässt Johann nach dem Feldzuge „Schlesien hinunterziehn," um dann in Breslau den Vertrag mit Heinrich zu unterzeichnen. Aber die Sache verhält sich in Wahrheit nicht so. Es wäre schon von vornherein schwer zu sagen, was Johann vom 24. Februar an, wo er noch die Huldigungen einiger oberschlesischen Fürsten in Beuthen entgegennahm, bis zum 4. April, wo er in Breslau eintraf, in Schlesien sollte gemacht haben, aber wir sehen auch ganz deutlich aus einer von Johann am 12. März desselben Jahres zu Prag ausgestellten Urkunde (Böhmer Regesten No. 95), dass derselbe nach seinem polnischen Feldzuge wirklich nach Böhmen zurückgekehrt ist. Hierdurch erhält die ausdrückliche Angabe der Chr. aulae regiae (bei Dobner V, 410), dass Heinrich Johann in Prag aufgesucht habe, eine neue Stütze, und dieser Angabe zu misstrauen, ist um so weniger Veranlassung, als diese Chr. eine gleichzeitige Quelle ist und sehr gut unterrichtet, wie das z. B. aus der so genauen und dabei offenbar richtigen Bestimmung des Termins der Ankunft Johanns in Breslau hervorgeht (Tag Ambrosii, das ist der 4. April, während vom 6. die Vertragsurkunde ausgestellt ist).

[4]) Henr. paup. zum Jahre 1327 (p. 53) führt eine legatio ad regem auf, welche 91 Mark gekostet habe. Nun reicht diese Jahresrechnung, wie aus den Eingangsworten hervorgeht, vom 7. März 1326 bis zum 6. März 1327, und da Johann während des ganzen Jahres 1326 auf fernen Kriegszügen von Böhmen abwesend war, so spricht die Wahrscheinlichkeit dafür, dass jene Gesandtschaft zwischen dem 13. Februar, als dem Ende des polnischen Feldzuges, und dem 6. März an ihn gekommen sei, also in der Zeit, wo ihn auch Heinrich VI. aufgesucht hat.

[5]) Nur so kann ich den Vermerk: ad honorem regis unter den Ausgaben von 1327 (p. 32) verstehen, sonst bezeichnen jene Worte allerdings gewöhnlich so viel als Ausgaben zur Bewirthung eines hohen Gastes, doch ist Johann zwischen dem 7. März 1326 und dem 6. März 1327 nicht in Breslau gewesen, und für den Aufenthalt Johanns in Breslau vom 4. bis 12. April 1327 finden sich beim folgenden Jahr Summen ausgeworfen.

[6]) Die Urkunde bei Sommersberg I, 893.

doch soll er Zeit seines Lebens in dem ganzen Fürstenthume alleiniger Herr sein, solo homagio per praedictos cives ac fideles suos Wratislavie feudales nobis heredibus ac successoribus nostris Boëmiae regibus semper reservato. Ausserdem sollte Heinrich auf Lebenszeit das Glatzische und noch 1000 Mark Silbers jährlich erhalten[1]).

Unmittelbar nach der Huldigung erliess der päpstliche Nuntius (wohl besonders um den Peterspfennig besorgt[2]) eine Verwahrung des Inhalts, dass durch die Erwerbung Breslaus seitens Johanns der Römischen Kirche kein Nachtheil erwachsen dürfe[3]). Ebensowenig versäumten die Bürger Breslaus diese Gelegenheit, sich von dem künftigen Herrscher ihre alten Privilegien bestätigen zu lassen und zugleich neue Bewilligungen von dem durch den neuen Ländererwerb günstig gestimmten König zu erlangen. Noch am 6. April bestättigt ihnen Johann ihre Privilegien mit Berufung auf eine Urkunde Heinrichs IV. vom Jahre 1290, wo besonders des Meilenrechts gedacht wird[4]). Noch besondere Garantien giebt der König in einer zweiten Urkunde vom 7. April[5]) allen Vasallen und Bürgern des Breslauer Herzogthums, er gelobt, sie in allen ihren Rechten und Freiheiten zu schützen, befreit sie von der in Böhmen üblichen Collecte der Berna und verpflichtet sich, sich mit den hergebrachten Steuern und Diensten zu begnügen und sie gegen alle weltliche und geistliche Personen, Fürsten und Unterthanen in ihren Rechten zu schützen. Alle Breslauer und Neumarkter Bürger sollen für ihre Waaren Zollfreiheit in ganz Böhmen und seinen übrigen Landen haben. Er verspricht, das Herzogthum nie durch Verkauf, Tausch oder Verpfändung von der Krone Böhmen loszureissen, und nur einen Eingeborenen zum Landeshauptmann zu machen, will auch die polnischen Gebiete, die er etwa noch erobern würde, untrennbar mit dem Breslauer Fürstenthum vereinen. Kein Vasall oder Bürger soll vor ein fremdes Gericht ausserhalb des Fürstenthums gezogen werden, auch die Geistlichkeit soll Niemanden vor dem geistlichen Gerichte belangen, wenn nicht vorher die Sache vor das zuständige weltliche Gericht gebracht worden ist. Auch soll die Geistlichkeit nicht ohne genügenden Grund den Gottesdienst suspendiren dürfen. Endlich gelobt der König, die Verbannungen, welche die Ritterschaft oder die Bürgerschaft aussprechen würden, zu respectiren und keinen Verbannten zu Gnaden anzunehmen, bis er den Beschädigten Genugthuung

---

[1]) Wie schon oben (S. 54) erwähnt, werden in diesem Vertrage die Erbrechte der Töchter Heinrichs VI., die ihnen 1324 durch Kaiser Ludwig ausdrücklich zugesichert waren, ganz ignorirt, und ich finde auch nicht, dass von dieser Seite ein Protest erhoben wäre, auch ist bemerkenswerth, dass sich Johann in dieser Urkunde auf die frühere Belehnung Wenzels durch Rudolf von Habsburg nicht bezieht, es lag ihm offenbar Nichts daran, Schlesien als Reichsleben zu erhalten.

[2]) Vergl. oben S. 56 Anm. 2.

[3]) Muratori Antiqu. Ital. VI, 147.

[4]) Lünig p. 238.

[5]) Klose II, 100. Copb. f. 6.

geleistet. Unter dem 8. desselben Monats erklärt er dann alle Zölle an der Weide für abgeschafft[1]) und am 10. ertheilt er den Breslauer Bürgern das Recht, alle ihre Güter und Besitzungen, wofern sie Erb-, nicht Lehngüter sind, zu verkaufen oder zu resigniren vor dem Burggrafen, den er setzen würde, doch unter dem Vorsitze der Breslauer Consuln, ohne dass ihnen für den Kaufkontrakt Geld abgefordert werden darf, und Alles, was vor dem Burggrafen und den Consuln verhandelt wird, soll rechtskräftig sein[2]).

Dem Beispiel Heinrichs folgte schon den Tag darauf Bolcslaus III. von Oppeln, der gleichfalls dem Könige huldigte. Die meisten Schwierigkeiten machte der hitzköpfige Boleslaus von Brieg, der sich bitter in seinen Hoffnungen auf Breslau getäuscht sah. Vorwurfsvoll erinnerte er den König daran, wie derselbe ihm einst zum Dank für die in Böhmen geleisteten Dienste eidlich gelobt habe, seine Rechte gegen Jedermann zu schützen. „Aber doch nicht gegen mich selbst" war Johanns schlaue Antwort[3]), und obwohl der erzürnte Herzog eine Anzahl schlesischer Fürsten unter dem Protektorate des polnischen Königs zu einem Bunde zusammen zu bringen suchte, so unterlag er doch, von Polen wenig oder gar nicht unterstützt, bald, und Johann verstand es trefflich, die Stellen zu treffen, wo sein Gegner am Verwundbarsten war. Er bewog einige Breslauer Bürger, denen Boleslaus Goldberg und Hainau gegen bedeutende Geldsummen verpfändet hatte, diese Forderungen an ihn zu cediren, und ebenso erkaufte er von dem gerade damals aus Masowien zurückgekehrten Bruder Boleslaus', Wladislaus, dessen Ansprüche auf Liegnitz[4]). Vorzüglich diese Waffen waren es, die Boleslaus schreckten und ihn bewogen, sich im Jahre 1331 mit seinen beiden Söhnen Wenzel und Ludwig nach Prag zu begeben und dort gleichfalls den Huldigungseid zu leisten[5]).

Polen gab seine Ansprüche auf Schlesien erst unter Wladislaus' Nachfolger Casimir 1335 auf, wo dann auch Johann den bis dahin nochgeführten Titel eines Königs von Polen ablegte[6]).

So war nun Breslau unter die Hoheit Böhmens gekommen. Wenn wir dieses für die schlesische Geschichte so unendlich wichtige Ereigniss überblicken, so werden wir kaum einzustimmen vermögen in die Klagen unseres Chronisten[7]) über die verlorene Unabhängigkeit der schlesischen Fürsten. Diese Unabhängigkeit war durchaus unvereinbar mit dem in dem Piastischen Hause geltenden Principe der Ländertheilung unter den Fürsten und war in Wahr-

[1]) Klose II, 102. Copb. f. 146.

[2]) Klose II, 102. Copb. f. 284. Die Würde des Burggrafen ist sonst in Breslau gar nicht bekannt. Sollte nicht der Landeshauptmann damit gemeint sein?

[3]) Chr. princ. Pol. p. 130. [4]) Chr. princ. Pol. 130, 131. [5]) Urk. bei Thebesius II, 176.

[6]) Urkunde vom 24. August 1335 bei Sommersberg I, 774.

[7]) Chr. princ. Pol. p. 131. Et forsitan peccatis exigentibus terra Wratislaviensis et ducatus a dominis naturalibus sic ad exteros divolvitur, et perdita est libertas principum Polonorum.

heit schon längst nur eine scheinbare. Eine Fortdauer derselben hätte nur dahin geführt, dass alle Kräfte des Landes sich in kläglichen inneren Fehden verzehrt hätten, und namentlich die so schön aufgegangenen Keime städtischer Entwickelung, gesunden deutschen Bürgerthums, elend verkümmert wären. Wenn aber unter den obwaltenden Umständen der Anschluss an einen grösseren Staat geboten war, so konnte keine bessere Wahl getroffen werden, als die Böhmens. Wir sahen schon, wie ein Anschluss an Polen gleichbedeutend gewesen wäre mit dem Untergange des deutschen Elementes, einem Rückfalle in die slavische Barbarei. Aber selbst ein engerer Anschluss an das deutsche Reich hätte keine grossen Vortheile geboten, der Schutz des fernen Kaisers hätte nicht vermocht, die ohnmächtigen schlesischen Fürsten, in der Mitte gelegen zwischen grösseren Staaten, zu beschirmen. Ungleich günstiger musste da die Verbindung mit Böhmen erscheinen, einem Nachbarstaate, der mächtig genug zur Vertheidigung seiner Gebiete nach aussen hin wie zur Aufrechthaltung von Ruhe und Frieden im Innern war, und von einem deutschen Fürstenhause regiert wurde, welches den deutschen Interessen Schutz und Förderung versprach. Breslau wurde schon damals die zweite Hauptstadt eines ansehnlichen Reiches und es hat gerade unter den Luxemburgern seine Blüthezeit und den Grund zu der Bedeutung gelegt, welche es trotz aller Ungunst späterer Zeiten noch heute mitzählen lässt unter den ersten Städten Deutschlands.

Die letzten Jahre piastischer Herrschaft über Breslau bis zum Tode Heinrichs VI. Der Aufstand von 1333.

Wir haben gesehen, wie Heinrich gerade in den Jahren 1325—27, also um die Zeit, wo er sein Herzogthum dem böhmischen König verschrieb, die Breslauer durch reiche Begünstigungen erfreute, einem Hausvater gleich, der vor seinem Tode noch seine treuen Diener beschenken will. Aber wenn der wackere Fürst gemeint hatte, durch jenen Akt des Anschlusses an Böhmen sich vollen Frieden zu erkaufen für den Rest seines Lebens, so hatte er geirrt. Vor äusseren Feinden mochte er nun sicher sein, aber im Innern, im Herzen der Bürgerschaft selbst, brütete der Geist der Zwietracht, und es war dem die Ruhe so heiss ersehnenden Fürsten bestimmt, noch die ersten Ausbrüche der bürgerlichen Kämpfe zu erleben, die später so heftige Stürme über unsere Stadt bringen sollten.

Die Freude über die Verbindung mit Böhmen war keineswegs ungetheilt bei der Bürgerschaft Breslaus. Bei den Verhandlungen darüber war zunächst nur das Patriziat betheiligt gewesen, aus welchem ebensowohl der Rath der Stadt als das Ministerium des Herzogs gebildet war; in dessen Interesse, in dem Interesse der patrizischen Grosshändler, lag vor Allem die angebahnte Veränderung, und wir sahen schon, wie sehr die vielen, tief eingreifenden Bestimmungen, welche der Herzog um diese Zeit erliess, den Absichten der herrschenden Familien dienten. Der gemeine Mann, gewöhnt, nur das Nächstliegende in's Auge zu fassen, dachte bei dem projektirten Wechsel der Herrscher nur an die erhöhten Lasten, die sein Beutel mit tragen musste, und die, wie er voraussah, bei Johanns allgemein bekannter Persönlichkeit nicht ausbleiben konnten. Zur Versöhnung der Zünfte, denen man seit 1320 die für einige Jahre zugestandene Theilnahme am Rathe wieder entzogen hatte, war Nichts geschehen. Ja, es gab eine Richtung, in welcher diese Gegensätze in ganz besonders geschärfter und erbitterter Gestalt sich geltend machten, nämlich da, wo zu der Feindschaft der Handwerker gegen die Patrizier noch die Antipathie der Neustädter gegen die Altstädter trat.

Wir sahen schon, wie zwischen Alt- und Neustadt seit alten Zeiten Streitigkeiten bestanden, die mehr als einmal vor das Forum der Fürsten gekommen waren, dieselben drehten sich immer um die Frage, in wie weit die Neustädter zum selbstständigen Betriebe von Handwerken berechtigt waren, da die Altstädter auf ihr altes oft bestätigtes Meilenrecht pochten, welches für ihre Hauptgewerbe auf den Umkreis einer Meile jede Concurrenz ausschloss.

Was wir über diese Streitigkeiten wissen, beschränkt sich auf folgende Notizen: in der Urkunde vom 9. April 1263, durch welche die Neustadt Magdeburger Recht erhält, wird der macella venalium rerum ausdrücklich erwähnt, also deren rechtliche Existenz vorausgesetzt, und diese Urkunde wird ohne jede Modifikation unter dem 9. August 1290 bestättigt [1]). Eine Spur davon, dass die Altstädter ihren Nachbarn in der Neustadt den Betrieb der Handwerke beschränkt haben, erhellt aus der Notiz des Henr. paup. vom Jahre 1299 (oder 98) [2]), nach welcher die Rothgerber aus der Neustadt ihre Waaren auf dem Markte der Altstadt feilbieten und den Altstädtern ein Standgeld von 8 Scot zahlen mussten, und ebenso noch 1304 [3]). Im Jahre 1306 erscheinen nun aber die Altstädter Bürger als vor dem für ihre Interessen ganz gewonnenen Herzog Boleslaus darüber klagend, dass die Neustädter nicht nur Ansprüche auf

---

[1]) Die erste Urkunde erscheint in die letztere transsumirt Tzsch. u. St. No. 80. p. 405.

[2]) p. 2.

[3]) p. 14. Hier fehlt der Zusatz „aus der Neustadt," doch zeigt die Gleichheit der gezahlten Summen, dass dieselben gemeint sind.

Besitzungen diesseits des alten Laufes der Ohlau machten, sondern das Recht zu haben behaupteten, auf ihrem Gebiete Kaufkammern, Fleischscharren, Brot- und Schuhbänke anzulegen, dass sie Kretschame errichtet und Reichkrämer, Gerber, Schmiede und andere Handwerker an sich gezogen, die in der Neustadt wohnten und ihre Waaren öffentlich feilhielten gegen die Gerechtigkeit und die Stadt-Privilegien. Obgleich nun, wie die Urkunde sagt, die Neustädter sich mit ihren Privilegien nicht hätten ausweisen können, so habe der Herzog doch gesucht, um Unglück und Gewaltthaten zu verhindern, einen gütlichen Vergleich herbeizuführen, und beide Parteien hätten auf sein und seiner Barone Zureden gelobt, ihn zum Schiedsrichter anzunehmen. Nachdem hierauf der Herzog mit seinen Baronen mehrere Tage sich berathen, hätte er folgendes Urtheil verkündet. Auf Alles, was diesseits der Ohlau liegt, haben die Neustädter keine Ansprüche, der Bau von Kaufkammern, Kram-, Fleisch-, Brot- oder Schuhbänke, sowie auch das Gewandschneiden solle unterbleiben, und kein Handwerker, ausser Tuchmacher, solle in der Stadt geduldet werden mit alleiniger Ausnahme von 5 Bäckern, die aber das Brot in den Häusern (auf dem Lide) verkaufen sollten, und 5 Kretschmern, sowie einem Kleinschmidt zur Ausbesserung der Werkzeuge der Tuchmacher. Dies Alles bei Strafe von 2 Mark, wovon ⅔ der Herzog, ⅓ die Breslauer Bürger erhalten sollten [1]). Diese harten Bestimmungen hebt nun aber Heinrich VI. 1311 wieder auf, indem er unter Berufung auf die Gründungsurkunde der Neustadt die macella venalium rerum, carnificum, pistorum, sutorum et quorumlibet talium zurückgiebt und am Schlusse hinzufügt, dieses Urtheil sei erfolgt in Gegenwart der Consuln und Bürger beider Städte, welche diese Entscheidung willig angenommen hätten [2]). Im direkten Gegensatz hierzu berichten nun 1315 die Breslauer Consuln nach Glogau, bei ihnen hätte die Neustadt zwar einen eignen Vogt, aber nicht eigne Fleisch- und Schuhbänke [3]).

Dazu kam noch etwas Anderes. Die Hauptindustrie der Neustadt war die Wollenweberei die hier offenbar in sehr ausgedehnter Weise betrieben ward, und dies Gewerbe ward auch wie wir sahen, ausdrücklich von jenem Verbote von 1306 ausgenommen. Aber nichtsdesto weniger waren gerade sie die am meisten Unzufriedenen, und zwar aus leicht erklärlichen Grunde. Bekanntlich war es die Sitte des Mittelalters, den Handwerkern gegenüber den Verkauf ihrer Produkte auf eine genau bestimmte Anzahl dazu besonders priveligirter Stätten zu beschränken. Für den Verkauf von Tuchen im Einzelnen nach Ellen, den Tuchausschnitt

[1]) Lünig XIV, p. 235. Klose I, 597. Copb. f. 370.
[2]) Klose I, 613. Copb. f. 373.
[3]) Tzsch. u. St. No. 118 §. 2. p. 497.

wie man dies damals nannte, haftete das Privileg an den Kammern unter dem Kaufhause, über welche ein herzoglicher Beamter (der magister camerae) die Aufsicht führte. Schon in dem Weisthume aus der Zeit Heinrichs IV. wird der Tuchausschnitt der Wollenweber bei Strafe von 1 Mark verboten[1]), und nur höchstens fünf Personen sollen zusammentreten dürfen, um sich ein ganzes Stück Tuch von ihnen zu kaufen[2]). Und eine Urkunde des Herzogs Boleslaus vom Jahre 1305 hatte ausdrücklich deren Inhaber für allein berechtigt zum Tuchausschnitt erklärt, zugleich alle diejenigen mit genau bestimmten Strafen bedrohend, welche sich dies Recht anmassen würden. Auch wird die Zahl der Personen, welche zum Kauf eines ganzen Stückes zusammentreten dürfen, jetzt auf 3 herabgesetzt[3]). Hierbei werden ausdrücklich als solche, gegen die das Verbot des Tuchausschnitts besonders gerichtet war, 1. die in der Neustadt, 2. die Nonnen[4]), 3. die Krämer, 4. die Reichkrämer genannt. Den patrizischen[5]) Besitzern der Tuchkammern gegenüber waren nun die neustädtischen Weber in sehr schlimmer Lage. Da ihnen selbst der Verkauf der von ihnen gefertigten wollenen Stoffe unbedingt untersagt war, waren sie ganz in die Hände jener Grosshändler gegeben, denn an einen Absatz nach aussen hin war bei den damaligen Verkehrsverhältnissen nicht zu denken Sie standen den Tuchkaufleuten also etwa so wie früher die so oft beklagten schlesischen Weber den Leinwandhändlern gegenüber, und es lässt sich denken, dass sie in Bezug auf die Preise nicht wenig gedrückt worden sind. Der Umstand nun, dass die von ihnen als Unterdrücker und Aussauger bitter gehassten Tuchkaufleute zahlreich im Rathe vertreten waren, konnte nicht dazu beitragen, sie ihre Obrigkeit mit günstigen Augen ansehen zu lassen. Schon dieser Gegensatz wäre hinreichend gewesen, um es in dem Verhalten zwischen Alt- und Neustadt, wo es ja auch sonst an Veranlassungen zu Reibungen nicht fehlte, nie zu einem dauernden Frieden kommen zu lassen. Jenes strenge Verbot des Tuchausschnitts ward nun, wie wir sahen, 1306 wiederholt. Allmälich scheinen allerdings die Klagen über die Härte jener Bestimmungen Etwas geholfen zu haben, so wird z. B. im Widerspruche mit dem Wortlaut der Urkunde von 1305 den Beghinen 1310 gestattet, schwarze und weisse Tücher von den Webern in Breslau weben und scheeren zu lassen, sowie auch präparirte Wolle zur

---

[1]) Tzsch. u. St. p. 509. § 30. Das räthselhafte Wort inkinen muss nothwendig einen ähnlichen Sinn haben wie ausschneiden. Der Zusammenhang und die Vergleichung mit der Urkunde von 1305 zeigt dies ganz deutlich.

[2]) Natürlich kaufte man bei dem Weber billiger, als bei dem Tuchkaufmann.

[3]) Klose I, 595. Cопb. f. 192.

[4]) Es waren dies Beghinen, die sich auch mit Wollenweberei beschäftigten.

[5]) Die vielen im Henr. paup. genannten Tuchkaufleute gehören ohne Ausnahme den Consulargeschlechtern an.

eigenen Anfertigung von Geweben von diesen zu kaufen[1]). Als dann das Jahr darauf Heinrich VI. der Neustadt die Verkaufsstätten zurückgiebt, wird der Tuchmacher nicht besonders gedacht[2]). Und dass die Reibungen fortgedauert haben, erkennen wir aus der Fassung der Urkunde über die Vereinigung beider Städte vom Jahre 1326. Hier wird als Motiv für die Vereinigung ausdrücklich angegeben, dass es fortan leichter sein werde, Friede und Eintracht zwischen beiden Städten zu erhalten und die Böswilligen zur Strafe zu ziehen[3]). Eine Concession für die Neustädter enthält die Urkunde nicht. Doch fand der Rath es zweckmässig, schon das Jahr darauf zwei Weber mit in den Rath (allerdings nur in das Schöffenkollegium) zu wählen, von denen der eine nachweislich ein Neustädter war, nämlich ein gewisser Witko v. Grätz, der später bei dem Aufstande als Rädelsführer genannt wird[4]). Auch sonst hat der Rath gerade in jener Zeit Manches für die Zünfte gethan. So findet sich vom 26. März 1326 eine Krämerordnung zum Schutz für den Handel[5]), und 1332 lässt er 14 neue Verkaufsstätten für die Täschner und Beutelmacher auf dem Markte nahe den Brotbänken erbauen[6]), doch in der Hauptsache gab er nicht nach.

Es scheint, dass der Rath in dieser Zeit (Anfang der 30er Jahre) neben der innern Unzufriedenheit auch von einem Ueberhandnehmen der Räubereien auf der Landstrasse, die den Handel sehr gefährdeten, und gegen die der wenig energische Heinrich VI. nicht genügende Abhilfe zu gewähren vermochte, viel zu leiden hatte[7]), und eben weil man bei dem Herzoge energische Maassregeln nicht durchsetzen konnte, wandte man sich an König Johann. Es wird aus dem Jahre 1331 von verschiedenen Gesandtschaften an den König berichtet, und wie es scheint, brachte die erste derselben eine Urkunde zurück, in welcher der König die Consuln

---

[1]) Die Urk. angeführt bei Tzsch. u. St. Einl. S. 64. Anm. 3.

[2]) Klose I, 613. Copb. f. 373. Wenn Heinrich in dieser Urkunde den Neustädtern macella venalium rerum, carnificum, pistorum, sutorum et quorumlibet talium zugesteht, so hätten wohl streng genommen die Tuchmacher ihre Produkte auch unter die „venales res“ und sich selbst unter die „quilibet tales“ rechnen können, doch scheint solche Interpretation gegen den Sprachgebrauch gewesen zu sein, ich finde nicht, dass man sich jemals hierauf berufen hätte.

[3]) Klose I, 630. Coph. f. 374.

[4]) Während im Rathskataloge bei dem zweiten namens Hermann der Stand (textor) angegeben wird, fehlt diese Bezeichnung bei Witko, doch da der Aufstand in dem gleichzeitigen Berichte (siehe d. Beilage 1) als ein Aufstand der Weber bezeichnet wird und gerade Witko besonders heftig gegen die Privilegien der Patrizier (d. h. doch offenbar das Kammerherrnprivileg) auftrat, so werden wir nicht wohl umhin können, auch ihn für einen Weber zu halten.

[5]) Henr. paup. p. 96.

[6]) In den annalist. Zusätzen zu Fabers Rathsverzeichniss aus dem leider verloren gegangenen Stadtbuche der Hirsuta hilla.

[7]) Das unten noch näher zu erwähnende handschriftliche Formelbuch des Arnold von Proczan schildert das Räuberunwesen in jener Zeit, etwa 1320—30, als ganz besonders schlimm. Es können vorgeladene Zeugen nicht zum Termine kommen, man scheut sich, Gesandte wegzusenden; der Bischof wagt oft nicht, aus seinen Besitzungen im Neissischen nach Breslau zu kommen, alles wegen der Unsicherheit der Landstrassen.

bevollmächtigt, in energischer Weise gegen alle Räuber einzuschreiten[1]). Kurze Zeit nachher, vom 1. Sept. erhalten die Breslauer eine zweite Urkunde, deren Inhalt darauf schliessen lässt, dass die Consuln jetzt auch innerhalb der Stadt Gefahren besorgen: dieselbe untersagt aufs Strengste das Tragen jeder Art von Waffen in der Stadt[2]). Und dass die Consuln sogleich mehrfach Veranlassung hatten, hiergegen einzuschreiten, und zwar mit sehr bedeutenden Geldstrafen, zeigen die Rechnungsbücher desselben Jahres, wonach die Consuln für das Führen von Waffen in dem Zeitraum von kaum ½ Jahre[3]) 100 Mark, also nach unserm Gelde (ohne den in damaliger Zeit viel höheren Werth des Geldes in Betracht zu ziehen) in runder Summe etwa 1000 Thlr. an Strafgefällen zur Einziehung brachten[4]). Als dann Johann im Oktober desselben Jahres sich selbst in Breslau einfand, erwirkten die Consuln eine noch viel energischere Verordnung gegen die Unruhstifter in der Stadt, die ihnen der König, wie er in einer späteren[5]) Urkunde sagt, „viva voce" eingeschärft hat. Der Rath soll nach derselben Vollmacht jeder Art haben (plenam et omnimodam habeant potestatem), Jeden, wes Standes er auch sei, qui ausu temerario excessus seu insolentias aut enormitates aliquas perpetrare praesumpserit vel movere, auf das Strengste zu bestrafen, selbst wenn man ihn ausserhalb

[1]) Die Urkunde (Brünn den 16. August) hat in dem Lib. magn. Privileg. auf dem Rathsarchive, der letzten Quelle, auf die wir zurückgehen können, das Jahr 1320 beigeschrieben, welches doch, da erst 1327 der Lehnsvertrag abgeschlossen ward, nicht anzunehmen ist. Lünig (a. a. O. p. 236) hat dies Jahr gleichfalls zugesetzt (nicht, wie Klose II. 106 sagt, das Jahr 1330). Dagegen wird in einem alten Verzeichniss der Privilegien auf dem Rathsarchiv v. 1488, sowie bei Faber Orig. Wrat. und in Pols Jahrbüchern diese Urkunde ins Jahr 1331 gesetzt, und in der That spricht dafür eine andre Urkunde vom 20. August 1331, gleichfalls aus Brünn datirt (Cod. dipl. Morav. VI. p. 325), und schon diese reicht hin, um die einzige dem entgegenstehende Nachricht des Chron. aulae Regiae 450 (angeführt in Böhmers Regesten p. 196), nach welcher Johann am 16. August in Tust angekommen wäre, zu entkräften. Auch ist in dieser Notiz selbst angedeutet, dass Johann durch das Gerücht, Karl von Ungarn sei in Mähren eingefallen, zur Rückkehr nach seinen Staaten bewogen worden sei. Uebrigens ist jene Urkunde vom 16. August dieselbe, von der ein Bruchstück hinter dem Henr. paup. p. 97 abgedruckt ist. Es ist mir dabei entgangen, dass die Urkunde schon bei Lünig p. 236 abgedruckt ist, eben weil dieselbe als ins Jahr 1320 gesetzt an einer Stelle steht, wo ich sie nicht gesucht habe.

[2]) Lünig p. 240.

[3]) Die Jahresrechnung des Henr. paup. p. 57 mit der Ueberschrift 1332 reicht von Mitte oder Ende Februar 1331 bis zu demselben Termine des folgenden Jahres, und da die Urkunde den 1. Sept. 1331 ausgestellt ist, ergiebt sich kaum ein halbes Jahr.

[4]) Die Stelle des Henr. pauper p. 57 lautet: Item de thelonio civitatis, de evaginatione gladiorum, cultellorum, de divagantibus tempore noctis, advocacia et aliis excessibus 303 M. Ich rechne nun:

de thelonio . . . 117 M. (vergl. 1327 p. 53).
de penis omnibus . 60 M. (ebendaselbst),
de advocatia . . 20 M. als Maximum, wie sich aus der Vergleichung der einzelnen Jahreseinnahmen ergiebt.
Summa 197 M.

Demnach bleiben für die evaginatio gladiorum et cultellorum immer noch über 100 Mark übrig.

[5]) Dass diese Urkunde (Lünig p. 240) erst ins Jahr 1336 zu setzen sei, wird unten S. 73 nachzuweisen sein.

der Stadt ergreift[1]). Es scheint nach dem Allen der feste Wille des Rathes gewesen zu sein, jeden Versuch zur Erschütterung der patrizischen Privilegien mit Strenge niederzuhalten. Von Concessionen erfahren wir Nichts, wenn wir nicht das dafür gelten lassen wollen, dass im Jahre 1332 Goblo aus der Neustadt[2]), der später bei dem Aufstande stark compromittirt erscheint, und 1333 ein Weber Namens Wiuand in den Rath aufgenommen erscheinen.

Aber es war schwer, die Ruhe aufrecht zu erhalten in jener Zeit, wo durch ganz Deutschland eine mächtige Bewegung der Zünfte sich wahrnehmen lässt, wo überall in den grossen Reichsstädten die Stühle der städtischen Aristokratie erzitterten vor dem Ansturm der Handwerker, in Ulm, Strassburg, München, Cöln, Mainz, Regensburg, Magdeburg, wo überall der Krieg der zwei Gegenkaiser die Parteiungen erst recht angeregt und gefördert hatte. Der Widerhall dieser Kämpfe drang doch auch nach dem entlegenen Schlesien, und auch in andern schlesischen Städten ausser Breslau erfahren wir trotz der ungemeinen Dürftigkeit der Quellen von einer Gährung, die unter den Handwerkern geherrscht hat, so wurden in Schweidnitz, wo es noch eine Alt- und Neustadt unter ganz ähnlichen Verhältnissen wie in Breslau gab, gerade damals 1331 strenge Verordnungeu gegen Solche nothwendig, die sich gegen den Rath auflehnten[3]), und auch hier standen unter den Unzufriedenen die Tuchmacher, erbittert durch die Begünstigungen, deren Bestättigung und Vermehrung die Kammerherrn auch hier 1326 vom Herzog Bolco ausgewirkt hatten, oben an[4]), ebenso musste König Johann in Görlitz 1331 das Verbot des Tuchausschnitts den unzufriedenen Webern besonders einschärfen[5]). Und diese letzteren erscheinen auch sonst in Deutschland ganz besonders tief verflochten in die zünftischen Bewegungen, wie sie sich z. B. in den pommerschen Städten als ein unruhiges Element häufig geltend gemacht haben. So ist es auch in Breslau. Nicht als ob sie allein die Aufstände hier veranlasst, es zeigt schon die allgemeine Fassung der Edikte, dass Gährung in der ganzen Bürgerschaft vorhanden war, doch haben sie an vielen

---

[1]) Lünig p. 239. Wenn Lünig hier in der Ueberschrift, wo er den Inhalt kurz zusammenfasst, von einer Vollmacht des Raths spricht, „sowohl Raths-Verwandte, als auch Bürgerliche Personen" zu bestrafen, eine Angabe, die auch in Böhmers Regesten Nro. 169 übergegangen ist, so kann ich solche Erwähnung der Patrizier in den Worten der Urkunde „ex ipsorum Concivibus vel alterius cujuscunque Conditionis" nicht finden, wo mir vielmehr nur der Gegensatz Mitbürger, sowie Schutzgenossen oder Fremde ausgedrückt scheint.

[2]) Ob dies auch ein Weber war, wage ich nicht zu entscheiden, ich finde diesen „Gobel aus der Neustadt" noch einmal als Zeugen in einer Raths-Urkunde vom 6. September 1331 mitten unter lauter patrizischen Namen aufgeführt (Leubuser Urkund. Nro. 258 Prov.-Arch.).

[3]) Schmidt, Gesch. von Schweidnitz, I, S. 54.

[4]) Schmidt, urkundl. Beiträge zur Geschichte der Kammerherrn in Schweidnitz, Jahresbericht der schlesischen Gesellschaft 1855 S. 184.

[5]) Oberlausitz. Urkundenverzeichniss I, 36.

Orten in ihrem eigenen Interesse vorzüglich den Aufruhr geschürt. So auch in Breslau 1333, in welchem Jahre zum ersten Male eine Auflehnung der Bürgerschaft gegen den Rath stattfand.

Wir besitzen über denselben einen offenbar gleichzeitigen Bericht[1]), der aber in keinem Falle als unparteiisch und zuverlässig gelten kann. Denn nicht nur, dass er von der Seite der einen Partei, der des Rathes ausgegangen ist, auch ganz für sich betrachtet ist er so verworren und zum Theil in sich widersprechend, dass die historische Kritik an ihm viel zu thun hat[2]). Derselbe stellt den Aufstand als einzig von den Tuchmachern ausgehend dar, doch kann es kaum zweifelhaft sein, dass diese auf die allgemeine Unzufriedenheit der Menge rechneten, die gerade damals in Folge der in jenen Jahren ungewöhnlich hoch gestiegenen Steuerlast vorhanden sein mochte. Dass dem so war, ist leicht erklärlich, denn die Breslauer wurden in jener Zeit mit doppelten Ruthen geschlagen, sie zahlten nach wie vor ihre Steuern an den Herzog, und daneben erschien von Zeit zu Zeit König Johann als der Oberlehnsherr und künftige Herrscher des Landes mit nicht geringen Ansprüchen an den städtischen Säckel. Vom Jahre 1326 an finden sich alljährlich bedeutende Summen im Interesse des Königs verausgabt[3]), so 1330 auf ein Mal 200 Mark[4]), und 1331 haben die Breslauer die Ehre gehabt, an drei verschiedenen Orten Schulden, die der König in Breslau gemacht hatte, zu tilgen, in Gesammtwerthe von 1200 Mark[5]). Es war kein Wunder, wenn unter solchen Umständen Aeusserungen der Unzufriedenheit laut wurden und die niedere Bürgerschaft nicht ohne Unmuth dem Wechsel der Herrschaft entgegensah, der der Aristokratie Privilegien und Handelsbegünstigungen, ihr selbst aber nur erhöhte Steuerlast bringen zu wollen schien. Spätere Berichte geben auch den Modus der Steuererhebung, insofern er auf einer eidlichen Selbstschätzung der Einwohner beruhte, als einen Grund des Aufstandes an[6]), und es ist sehr

---

[1]) Siehe die Beilage. 1.

[2]) Ich habe in der Beilage 1 in den dem Berichte zugefügten Worten meine hier im Text gegebene Auffassung zu rechtfertigen gesucht.

[3]) Leider sind dieselben in Henr. pauper meist mit andern zusammengeworfen und zu einer Summe vereinigt.

[4]) Henr. paup. p. 56.

[5]) Henr. paup. p. 53. Prima phantlosunga domini regis 500 m. Item secunda phantlosunga domini regis 200 m. Item tertia phantlosunga domini regis 500 m.

[6]) Faber in seinen (handschriftlichen) Origines Wratisl. und nach ihm Pol (Jahrbücher zu diesem J.) berichten, der Aufstand sei von den Tuchmachern wegen des Erb- und Eidgeschosses erregt worden, eine an sich schon nicht sehr klare Ausdrucksweise, denn weshalb jener Modus der Steuereinziehung gerade ins Besondere die Tuchmacher erbittert haben sollte, ist nicht abzusehen. Klose I, 633 führt dies nun weiter aus, indem er eine förmliche Geschichte der Steuergesetzgebung giebt, und in Menzels topogr. Chronik I, 38 findet sich die ganz verkehrte Vorstellung, dass das Eidgeschoss an der Stelle der früher freiwillig gezahlten Collecten für den Herzog erhoben worden sei, und dass dies den Aufstand veranlasst habe. Vergl. o. S 43. Unser in der Beilage 1 abgedruckter Bericht, die einzige gleichzeitige Quelle, sagt Nichts von dem Eidgeschoss.

glaublich, dass, obwohl, wie wir oben S. 43 sahen, das Eidgeschoss ursprünglich eine Erleichterung der ärmeren Bürger sein sollte, es doch bei der Höhe der Steuerlast überhaupt recht drückend geworden war.

Die Anstifter der Auflehnung waren also die Tuchmacher und zwar ebensowohl die der Neustadt als der Altstadt[1]). Doch hat man in der Neustadt ganz allgemein für sie Partei genommen, wie wir daraus sehen können, dass unter den später Enthaupteten, also am schwersten Gravirten sich auch der vom Rathe selbst ernannte Vogt der Neustadt befand. Die Tuchmacher, als die bedeutendste Zunft, waren doch in der Neustadt die Tonangeber und ihr Gedeihen für diesen Theil der Stadt geradezu eine Lebensfrage.

So begab sich denn im Jahre 1333 eine Deputation von 4 Tuchmachern (wahrscheinlich die Geschworenen der zwei Zünfte, der alt- und neustädtischen)[2]) zu dem Herzoge, um Beschwerde zu führen über den Rath und speziell über die Consuln[3]), denen sie vorwarfen, sie hätten es geradezu darauf abgesehen, ihr Gewerbe zu ruiniren. Dieselben belasteten sie mit einer ganz unerträglichen Steuerlast, während sie das zusammengebrachte Geld in der eigennützigsten Weise für sich verwendeten, so z. B. um ihre Töchter und Verwandten auszustatten. Dagegen baten sie den Herzog einzuschreiten, es läge doch auch in seinem Interesse, da er von dem dem Volke abgepressten Gelde nicht einmal selbst Vortheil hätte. Ihm wollten sie allen Gehorsam leisten, und nur ihm, nicht dem Rathe gebühre der Eid der Treue[4]). Wenn der Herzog sich ihrer annähme und ihnen Schutz gewähre, so versprechen sie ihm immer dankbar sein zu wollen, verheissen ihm sogar ein Fass mit Gold und eins mit Silber gefüllt zu geben[5]).

Von dem Könige ist in der ganzen Sache keine Rede, vielmehr eben weil die Weber diesen als mit der Aristokratie eng verbunden erkannt hatten, machen sie den Versuch, so lange sie noch die Mittelsperson des Herzogs haben, diesen für sich zu gewinnen und von ihm einen ihren Interessen günstigen Ausspruch zu erlangen. Und, an vielen Orten ist es

---

[1]) Textores communiter insurrexerunt, sagt unser Bericht, sonst sind die Innungen der neustädtischen und altstädtischen Tuchmacher im Gegensatz zu allen übrigen Zünften immer von einander getrennt geblieben bis auf die neueste Zeit.

[2]) Dass diese betheiligt waren, zeigt ihre spätere Beschränkung durch den Rath.

[3]) „Octoviri et non totus consulatus" —

[4]) Von einem Bürgereide, den jeder Einzelne zu schwören gehabt hätte, finde ich keine Spur, vielleicht sprechen hier eben nur die Geschworenen des Handwerks von ihrem Eide,

[5]) So unser Bericht, ich gestehe aber, dass ich die Authenticität dieser so auffallenden und im Grunde doch unsinnigen Aeusserung bezweifle. Der Rathsschreiber, der unsern Bericht abgefasst haben mag, war doch sicher nicht Ohrenzeuge, und die Fama war damals gewiss nicht weniger gross im tendenziösen Uebertreiben und Entstellen, als heutzutage.

wirklich den Zünften gelungen, an dem Fürsten eine Unterstützung gegen die Aristokratie zu gewinnen. Wer wüsste nicht, wie sich in so vielen Städten die Zünfte um den ihnen wohlgesinnten Ludwig den Baier schaarten, wie die Bäcker von München bei Mühldorf aufs Tapferste für ihn kämpften. In Regensburg zahlten die Innungen alljährlich eine bestimmte Abgabe an die Bairischen Herzoge, wofür diese ihre Interessen zu fördern sich geneigt zeigten. Oft war es den Fürsten bei Streitigkeiten mit dem Rathe sehr erwünscht, durch solche Handhabe in die inneren Verhältnisse der Städte eingreifen zu können.

Aber freilich hier lagen die Sachen ganz anders. Von dem guten Herzog Heinrich, der den Frieden so liebte, dass er ihm ja seine Unabhängigkeit geradezu zum Opfer gebracht hatte, konnte man füglich nicht erwarten, dass er sich an die Spitze der Zünfte stellen würde, um einen Feldzug gegen den Rath und die in diesem herrschende Aristokratie zu unternehmen, war diese doch wohl verschanzt hinter ihren Privilegien, in hoher Gnade bei dem Böhmischen Oberherren, so in ihrer Macht befestigt, dass wirklich ein gewisser Muth zu einem direkten Angriff auf sie gehört hätte, und schliesslich war eine Abhülfe der Beschwerden der Tuchmacher nicht durchzusetzen ohne eine Verletzung des formellen Rechts, welches doch die patrizischen Tuchhändler für sich hatten.

So war die Sache eigentlich schon entschieden, als der Herzog eine Vorladung beider Parteien und unparteiische Abwägung der beiderseitigen Rechtsansprüche vorzunehmen beschloss. Als der Rath von der gegen ihn eingebrachten Klage hörte, beschickte er zunächst die Geschwornen der Tuchmacher, um sie zu fragen, ob sie wirklich gegen ihn auftreten wollten. Diese, zwischen zwei Feuer gestellt, erklärten nun, sie selbst hätten die besten und loyalsten Gesinnungen, aber ihre ganze Zunft sei entschlossen, ihre Ansprüche bis aufs Aeusserste zu verfechten. So kam denn der Tag heran, wo die Tuchmacher vor dem Herzoge, gegenüber dem versammelten Rathe (man hatte kluger Weise ausser den Consuln und Seniores auch die Geschworenen der Innungen zugezogen)[1]) ihre Ansprüche geltend machen sollten. Natürlich rückten nun die Patrizier mit ihren Privilegien vor, und die Tuchmacher konnten dem gegenüber Nichts thun, als deren Werth herabsetzen. Sie machten darauf aufmerksam, wie leicht es sei sich Privilegien zu verschaffen für den, der sich im Besitze der Macht befinde (und im Besitze des Geldes, hätten sie noch hinzusetzen können). Einer, Witko v. Grätz, verstieg sich sogar bis zu der Behauptung, das Privileg der Kammerherren sei erkauft, und zwar nicht von ihrem Herren, sondern von einem Hauptmann desselben[2]). Aber

[1]) Witko von Gräts spricht nach dem Berichte: „coram consulibus, juratis et senioribus."

[2]) „Civitas habet privilegium emtum non apud eorum dominum sed apud quendam Capitaneum." Die Stelle ist dunkel, das auch grammatisch ganz falsch gebrauchte eorum klingt, als ob die Tuchmacher damit sagen wollten, derselbe

am Ende liess sich doch mit solchen vagen Verdächtigungen wenig ausrichten und der Herzog musste dabei bleiben, zu fragen, welche Beweise sie für ihre Beschuldigungen und für die Rechtmässigkeit ihrer Forderungen hätten. Als so die Tuchmacher sahen, dass sie unterliegen mussten, da sollen sie gerufen haben, auf ihre Messer schlagend: „Das sind unsre Beweise," und allerlei Drohungen sollen gefallen sein von 900 bewaffneten Gesellen, welche ihres Winkes gewärtig ständen.

Damit waren nun freilich die Sachen auf die Schneide des Schwertes gestellt, es war eine direkte Kriegserklärung, was Herzog und Rath nicht freiwillig gewähren wollten, das sollte ihnen abgezwungen werden durch Terrorisirung, durch Drohung mit der Revolution. Aber wie es scheint, hat auch dies Mittel Nichts geholfen, der Rath hat sich nicht einschüchtern lassen, und zu einem wirklichen Gefahr drohenden Auftreten der zünftischen Bürgerschaft ist es nicht gekommen; wohl hat es nicht an Leuten gefehlt, die allerlei heftige und drohende Reden ausstiessen, auch mancherlei Excesse mögen begangen worden sein [1]), aber zu einer Revolution konnte es um so weniger kommen, als althergebrachte Eifersucht und Missgunst die altstädtischen Bürger misstrauisch machen mussten gegen die Bewegung, die wesentlich von den Neustädtern ausging.

So unterlagen die Tuchmacher, und der Rath machte gemäss der ihm vom König ertheilten Vollmacht ihnen den Prozess als Aufrührern. Man muss gestehen, er ist hierbei mit grosser Mässigung verfahren; nur drei Hauptrădelsführer mussten mit dem Leben büssen. Es waren diese erstens der neustädtische Vogt Hartmann, bei dem sein Charakter als städtischer Beamter die Theilnahme an dem Aufstande als besonders strafbar erscheinen liess, zweitens Nikolaus Landweber, der eigentlich schon früher wegen eines Diebstahls hätte aus der Innung gestossen und bestraft werden sollen, der aber durch seinen demagogischen Eifer für jenes

---

sei nicht zugleich auch ihr Herr. Wäre dem so, so könnte diese halb verächtliche Bezeichnung nur auf König Johann gehen, den gehassten Freund der Aristokratie. Aber wir kennen kein Privileg, welches dieser zu Gunsten der Kammerherren erlassen hätte. Ebenso auffallend musste uns die Erwähnung des capitaneus erscheinen; sollte schon damals, wie wir es später finden, der König von Böhmen hier einen Landeshauptmann gehabt haben, während doch Heinrich VI. für seine Lebenszeit sich die volle Herrschaft über sein Herzogthum vorbehalten hatte? Allerdings kann nicht verschwiegen werden, dass in einer Urkunde vom 23. Februar 1330 ein capitaneus Heinrich v. Hugewitz (später wirklich als Landeshauptmann König Johanns vorkommend 1337—38) eine Zinsauftragung bestätigt (Raths-Archiv P. P. 22.) Freilich könnte man auch denken, die Tuchmacher hätten das bekannte grosse Privileg der Tuchkaufleute vom Jahre 1305 im Sinne gehabt und gemeint, der damals noch sehr junge Herzog Boleslaus sei zur Ertheilung desselben durch einen von den Patriziern bestochenen böhmischen Hauptmann (wie derselbe allerdings damals unter böhmischem Einfluss stand) vermocht worden, doch wäre wohl die Bezeichnung: „apud eorum Dominum" als auf einen früheren Herzog gehend, noch auffallender.

[1]) Unser Bericht meldet nur von den ersteren, doch ich will es gern Pol glauben, dass die Aufrührer „sonst viel andre Unlust angestiftet und getrieben."

Verbrechen hatte Vergessenheit und Straflosigkeit erringen wollen, endlich Conrad Gleser, der das Volk wider den Rath aufzuwiegeln versucht, indem er die Gültigkeit der Privilegien herabgesetzt und geäussert, wer die Macht habe, könne sich solche Urkunden aller Orten schreiben[1]); ob man denn die Tuchmacher zugezogen habe, als man über ihr Schicksal durch jene Privilegien verfügt habe. Ausserdem wurden die vier Deputirten (die Zunftmeister), die zum Herzog gekommen waren, Nic. Stoia, Heinemann Pappelbaum, Heinemann Blecker, Johann Hartung auf ewig aus der Stadt verbannt[2]), und dieselbe Strafe traf auch Hans von Sulz und Witko von Grätz, denselben, der so heftig die Privilegien angefochten, wie wir oben erzählten; vielleicht schützte ihn das Ansehen, das er genoss (1328 ist er Schöffe), vor härterer Strafe. Ebenso wurde Goblo der Aeltere (Schöffe 1331) wegen seines Alters ganz begnadigt, doch musste er Besserung geloben, widrigen Falls er doppelt gestraft werden sollte.

Indem hiermit jener oft erwähnte Bericht schliesst, verlöscht das kleine Stückchen Licht, welches uns gestattete, einen Augenblick heller zu sehen in dem Dunkel jener Zeit, und wir tappen wieder im Finstern, darauf angewiesen, in den Urkunden, der Rathsliste und den Rechnungsbüchern nach Symptomen der Fortschritte oder der Störungen zu suchen, welche in jener Zeit der städtische Organismus erfahren, und aus solchen vereinzelten Wirkungen unsichere und schwierige Schlüsse zu machen. Thun wir dies bei unserem Aufstande, so sehen wir zu unserem Erstaunen, dass er ganz wirkungslos vorübergegangen zu sein scheint. Aus den nächstfolgenden Jahren liegt keine Urkunde vor, die wir in Zusammenhang mit dem Aufstande bringen könnten. Der Rathskatalog zeigt ebenso wenig eine uns erkennbare Aenderung, und wenn das Budget für 1334 gegen das Vorjahr bedeutend niedriger erscheint, so dürfen wir kaum den Grund in einer beabsichtigten Sparsamkeit des Rathes suchen, sondern darin, dass König Johann gerade damals anderweitig in der Ferne beschäftigt, mit geringeren Anforderungen an die Stadt herangetreten ist. Erst aus dem Anfang des Jahres 1336[3]) vom

---

[1]) Der Bericht sagt noch drastischer — „nos vellemus literas scribere in coquina."

[2]) Die vier Deputirten finden sich in unserem Bericht genannt, doch wird von ihrer Strafe Nichts gemeldet. Diese wird erwähnt bei Pol, wo auch allein Hans von Sulz genannt wird.

[3]) Die Urkunde ist ohne Jahr, Prag fer. VI. post dominicam, qua cantatur circumdederunt. Lünig p. 240, setzt sie unter die Urkunden des Jahres 1331, und Klose ist ihm darin gefolgt; ich bin nun der Ansicht, dass sie ins Jahr 1336 zu setzen sei, aus folgenden Gründen: 1) König Johann nennt sich in dieser Urkunde blos König von Böhmen und Graf von Luxemburg, während er in allen den oben angeführten Urkunden von 1331 sich Bohemiae et Poloniae rex schreibt, man sieht also, dass die Urkunde nach dem in Ungarn abgeschlossenen Vertrag im Oktober 1335, durch welchen der König allen Ansprüchen auf Polen entsagte, ausgestellt ist; 2) stimmt das angegebene Datum, Freitag nach Circumdederunt (Sonntag Septuagesima) mit dem Ausstellungsorte Prag weder im Jahre 1331, noch in einem der andern Jahre bis 1336, wo der erwähnte Termin auf den 2. Februar fiele, und wo sich auch schon vom 1. Februar

2. Februar, besitzen wir eine Urkunde König Johanns, welche auf den Aufstand Bezug zu nehmen scheint und zugleich zeigt, dass nicht alle Keime der Unzufriedenheit erstickt waren. In diesem Dokumente wiederholt Johann die schon früher ausgesprochenen Aufforderungen zur Strenge gegen Uebelthäter. Der Rath solle zwar volle Gerechtigkeit üben, gegen Alle gleich, wess Standes sie auch seien, gegen Uebelthäter aber solle er so einschreiten, dass die Uebrigen darin ein warnendes Beispiel sehen. Vor allem aber möge er energisch den Parteiungen entgegentreten (praesertim ad resistendum partialitatibus, unde nonnulla interdum scandala oriuntur). Nur in diesen wenigen Worten vermögen wir eine Hindeutung auf den Aufstand von 1333 zu finden.

Aus Allem muss das Eine uns klar werden, dass die Aristokratie hier einen Sieg davontrug, und zwar keinen jener halben und unfruchtbaren Erfolge, wo der Sieger sehr wohl fühlt, dass er eigentlich der Nachgebende ist und Nichts gerettet hat als den Schein, wie dies in inneren Kämpfen so oft vorkommt, sondern einen wirklichen Sieg, der das eigene Selbstgefühl erhöht und die Schwäche der Gegner zeigt. So geht es auch weiter. Johann, der jetzt zur Regierung kommt, zeigt sich durchaus als eifriger Begünstiger der Aristokratie, und indem er dann im Jahre 1343 an die Stelle der bisherigen 8 jährlich wechselnden Consuln 32 lebenslängliche setzt, giebt er der Verfassung noch starrere aristokratische Formen. Freilich wird diese Einrichtung von seinem besonneneren und staatsklugeren Sohn Karl wieder abgeschafft und dessen nach allen Seiten hin musterhafter Regierung gelang es, bei seinen Lebzeiten die Ruhe vollständig aufrecht zu erhalten, so dass erst unter dessen Nachfolger Wenzel, also mehr als ein halbes Jahrhundert nach jenem ersten Ausbruche, die Kämpfe zwischen Patriziern und Zünften, die keiner der grössern deutschen Städte erspart blieben, wieder aufgenommen und dann ernstlicher durchgefochten worden sind.

Am 24. November 1335 starb Heinrich VI., der letzte in der Reihe der Piasten, die über Breslau geherrscht, als Mensch gewiss von Vielen betrauert, als Fürst sicherlich wenig vermisst. Denn wenn er auch noch in den letzten Jahren Regierungshandlungen vorgenommen, so konnte doch kaum Jemandem zweifelhaft sein, dass er schon lange ein Herzog ausser Diensten, ein pensionirter Fürst war, und dass die Blicke der Breslauer seit Jahren nicht mehr an ihm hingen, sondern sich dem fernen Böhmenkönig zugewandt hatten, in dessen Händen nun

---

eine für Breslau (die dortigen Müller betreffend) ausgestellte Urkunde vorfindet. Klose II, 112, Copb. f. 384. Schliesslich will ich noch anführen, dass diese letztere Urkunde vom 1. Februar 1336 im Raths-Archiv mit D. 16 signirt ist, während die obige, nach meiner Ueberzeugung auf den 2. Februar 1336 zu setzende, als D. 17 bezeichnet wird, obwohl ich bei der Willkür, die in diesen Signaturen sonst zu herrschen scheint, hierauf kein grosses Gewicht legen möchte.

doch einmal ihre Zukunft lag. Die grösste That seines Lebens war eben die Unterwerfung unter Böhmen gewesen, und die Breslauer mochten ihn dafür segnen, dass jetzt nicht, wie es sonst wohl geschehen wäre, über dem kaum geschlossenen Grabe des Fürsten zwischen dem wilden Boleslaus und den Gatten der Töchter Heinrichs VI. die blutige Fehde entbrannte, deren Entscheidung, wie sie auch fallen mochte, ihnen keine Vortheile versprach, dass vielmehr statt dessen die feste Hand eines mächtigen Königs ruhig und unbestritten die Zügel der Herrschaft ergriff.

Städtischer Haushalt, Verkehr und Culturzustände in der Periode von 1242—1335.

Alles, was ich in diesem Abschnitt zu sagen habe, in dem ich zugleich eine Nachlese über Dasjenige halten muss, was von wichtigeren Zügen in den vorstehenden zusammenhängenden Darstellungen nicht füglich Platz finden konnte, kann nur fragmentarisch sein, wenn ich mir getreu bleiben und mich streng auf das beschränken will, was speziell Breslau betrifft und zeitlich über die von mir dargestellte Epoche nicht hinausgeht; indess beeinträchtigt nach meiner Ueberzeugung der Lokalhistoriker die volle Wahrheit seines Bildes durch Nichts mehr, als wenn er mit Analogien, die er aus andern Zeiten und von andern Orten entlehnt, die Lücken, welche er vorfindet, zustopfen will. Mögen also lieber manche Mängel der Anordnung und des Zusammenhanges stehen bleiben; das spröde Material lässt mich für diese Mosaikarbeit ebenso auf Entschuldigung hoffen, wie die Zeit, die mir leider nur sehr kurz für sie zugemessen war.

Umfang der Stadt.

Den Umfang Breslaus nach seiner ersten Gründung als deutsche Stadt bezeichnet deutlich der Lauf der Ohlau. Denn wenn diese gleich, wie wir sahen, erst 1291 um die Stadt geführt ward, so dürfen wir doch kaum zweifeln, dass dieser Fluss damals nur an die Stelle des alten Wallgrabens trat, welcher schon bei der ersten Gründung erwähnt wird[1]). Durch die Vereinigung mit der Neustadt 1326 wird die Grenze Breslaus bis an den östlichsten Mündungsarm der Ohlau hinter der Ziegelbastion vorgeschoben.

Vorstädtische Bezirke.

Hierzu kommen dann noch

[1]) Infra fossata prime locacionis. Tzsch. u. St. p. 365.

einige Bezirke, die wir als vorstädtische ansehen dürfen, welche gleichfalls zu den kommunalen Abgaben zugezogen erscheinen, dies sind:

1. Die Sandinsel, nämlich die der Stadt zunächst liegende Hälfte, welche 1261 der Stadt geschenkt ward, trotz des Widerspruchs des Sandstifts, das auf die ganze Insel Ansprüche zu haben behauptete[1]).

2. Der Bezirk um die Mauritiuskirche (inter Gallicos, die Wallonenstrasse), welcher schon in der Urkunde vom 1261 als der Stadt gehörig bezeichnet wird[2]).

Ferner wird unter den Lokalitäten, welche bei der Steuererhebung besonders aufgeführt werden, auch der Bezirk inter brasiatores, unter den Mälzern, genannt, und nach der üblichen Vorstellung hätte man sich darunter die jetzige Hummerei (von humulus Hopfen hergeleitet) zu denken, es müsste alsdann diese Lokalität als jenseits der Ohlau, also ausserhalb der Ringmauer gelegen, an dieser Stelle gleichfalls erwähnt werden, doch kann ich mir in der That kaum denken, dass eine Reihe solcher Gebäude, wie die Malzhäuser waren, so dicht vor die Mauern hingebaut mit den einfachsten Grundsätzen der Fortifikation vereinbar gewesen wären. Deshalb werden wir sie doch wohl noch in der innern Stadt unterbringen müssen. Dass sie als besonderer Bezirk aufgeführt werden, darf uns nicht Wunder nehmen, da wir ja o. S. 39 an dem Beispiele der Tuchkammern gesehen haben, wie derartige Complexe von Bauten, die zu bestimmten gewerblichen Zwecken dienten, für die Grundbesteuerung besonders veranschlagt wurden.

Weideplätze. Ausdehnung des Weichbildes.

Ausserdem gehörten zur Stadt noch die umfangreichen Weideplätze, welche die Stadt auf allen Seiten umgaben[3]), und 1315 schreiben die Breslauer Rathmänner ausdrücklich an die von Glogau, ihr Jurisdiktionsbezirk, mit andern Worten also ihr Weichbild, erstrecke sich bis an das Ende ihrer städtischen Weideplätze[4]). Hiernach wäre also im Westen der Stadt die sagenberühmte Hahnkrähsäule, welche genau an dem Endpunkte der Viehweide steht, unzweifelhaft nichts Andres, als ein Zeichen für die Grenze des städtischen Weichbildes.

Schon in der erwähnten Urkunde von 1261 werden die „pascua ex utraque parte aque nostre, Odere" genannt, ja 1277 wird für die vor dem Nikolaithore liegenden schon der noch jetzt übliche Name „Viehweide" (quod Wyweyde nuncupatur) gebraucht[5]). Zum Jahre 1308

[1]) Chr. abb. b. Mar. Stenzel Ss. II, 174, 177, 194. Henr. paup. p. 9. Tzsch. u. St. p. 365.

[2]) Tzsch. u. St. p. 365 vicus beati Mauricii. Henr. paup. p. 9 und Anm. 4 daselbst.

[3]) Tzsch. u. St. Urk. v. 1277 p. 391.

[4]) Tzsch. u. St. p. 497. § 1. Die Glogauer hatten augenscheinlich Bannmeile und Weichbild confundirt.

[5]) Tzsch. u. St. p. 391. Hier bestand ein ländlicher Bezirk, die Tschepine, vergl. Henr. paup. p. 1, 10, 25 mit den Anmerkungen dazu.

werden uns dann auch noch Weideplätze vor dem Schweidnitzer Thore und auch vor dem Ohlauer Thore angeführt[1]), und zum Jahre 1315 16 Gärten vor dem Schweidnitzer Thore[2]) und 4 auf dem Taschenberge[3]). Von Stadtgütern findet sich in unserer Zeit nur eins, nämlich Scheitnig, welches die Stadt im Jahre 1318 für 300 Mark von Heinrich von Waldau kaufen musste[4]). Ausserdem besass sie ein später öfter genanntes Eichengehölz hinter dem Vincenzkloster, welches wir zum Jahre 1332 zum ersten Male erwähnt finden[5]). Die ursprüngliche Befestigung der Stadt bestand, wie wir sahen, aus einem Graben, also wohl der Natur der Sache nach auch aus einem von der ausgeworfenen Erde gebildeten Walle mit Pfahlwerk und muss stark genug gewesen sein, um bereits in den 40er Jahren die siegreiche Vertheidigung gegen drei sie bestürmende Heere möglich zu machen[6]). Burgmauern auf der linken Oderseite finden sich 1263 bei der Gründung der Neustadt erwähnt[7]). Die Ringmauern der eigentlichen Stadt wurden 1260 gebaut, nach Pols Jahrbüchern, der noch hinzufügt: Sind zuvor nur Graben und leimene Parten[8]) gewesen. Urkundlich erwähnt finde ich sie zuerst 1272[9]). und 1274 wird bestimmt, dass Alle, welche Besitzungen in der Stadt haben, wess Standes sie auch sein mögen, zum Bau d. h. der Instandhaltung der Mauern contribuiren sollen[10]). Aus den Rechnungsbüchern ersehen wir, dass die Erhaltung der Mauern und Thore sehr bedeutende Summen kostete; als 1304 ein Stück Mauer gegen die Neustadt zu einstürzte, kostete die Reparatur 30 Mark (also circa 300 Thlr.) und in demselben Jahre der Neubau des Nicolaithores 42½ Mk.[11]) Ueber den mit Zugbrücken[12]) versehenen Thoren erhoben sich Thürme[13]). In Friedenszeiten erscheinen Lokalitäten an den Thoren und in den Thürmen an Kaufleute und Gewerbtreibende vermiethet[14]).

Stadtgut Scheitnig.

Befestigung.

Bauart.

Die Stadt war zuerst ganz von Holz gebaut, erst die mehrfachen Feuersbrünste mussten das Vortheilhafte von Stein- und Ziegelbauten einleuchtend machen, welches denn auch eine

---

1) In acie Gallicorum Henr. paup. p. 25. Dort finden sich auch (leider nicht hinreichend bestimmt) Angaben über die Zahl der Morgen und über den Pachtzins, der hiernach von sehr verschiedener Höhe gewesen wäre.

2) 8 zur rechten, ebensoviel zur linken Hand, wenn man hinausgeht. Henr. paup. p. 39.

3) Taschenbastion ebendaselbst, Anm. 1.

4) Sommersberg I, 337. Henr. paup. p. 43. Item pro allodio dicto Schytinnic date sunt 300 m., quam opportuit emere civitatem coacte.

5) Henr. paup. p. 58. 6) Chron. princ. Pol. p. 107. 7) Tzsch. u. St. p. 405.

8) Pforten, Thore. 9) Lünig XIV, 232. 10) Klose I, 526, Coph. f. 263.

11) Henr. paup. p. 15. An dems. Orte, valva versus Oderam constat cum propugnaculo ducis 39 m.

12) Henr. paup. p. 6. Valva Swidnicensis et turris ibidem constat 48 m., Henr. paup. p. 15. Turris constat, 100 m., p. 21.

13) 3 werden erwähnt 1301. H. p. p. 6.

14) Faber circa valvam novae civitatis 7 scot, item sub valva S. Marie, 1 m., p. 14.

Ziegeleien. herzogliche Urkunde von 1272 besser einschärft [1]). Der Rath bemühte sich nun auch, für das nöthige Material zu sorgen, 1307 erbaut er für 10 Mk. einen Ziegelscheune, und 1312 findet sich schon eine Einnahme von einem Ziegelofen [2]). In dem Fragmente eines Zinsregisters aus dem Anfange des 14. Jahrhunderts (es findet sich mit eingebunden in den Rathskatalog) steht die Notiz, dass Conradus juvenis ein Patrizier, der vielerlei Geschäfte gemacht hat [3]), die Ziegelscheune, welche hiernach jenseits der Oder gelegen zu haben scheint, auf 10 Jahre gemiethet hat und der Stadt jährlich 20,000 Ziegeln liefern muss. Wie es mit der Pflasterung der Strassen ausgesehen habe, wissen wir nicht, allerdings findet sich schon 1299 ein Steinbrücker (pontifex) erwähnt, doch bedient man sich seiner Dienste nur zur Erbauung eines Dammes [4]). Doch werden in einer Urkunde Johanns von 1331 die Consuln bevollmächtigt, von jedem Wagen, der von auswärts nach Breslau kam, 1 Pf. zur Ausbesserung der mit Steinen gepflasterten Strassen zu erheben [5]). Von grösseren Bauten müssen wir vor Allem unseres schönen Rathhauses gedenken, dessen Bau wie es scheint 1327 begonnen wurde [6]). Im Jahre 1331 wird schon eine Einnahme von den cellariis sub nova domo erzielt [7]), obgleich noch über 20 Jahre hindurch sich Ausgaben für diesen Bau in unseren Rechnungsbüchern finden. Auch zu dem Bau des Hospitals zum heiligen Leichnam (jetzt das reiche Hospital) sehen wir die Consuln 1319 contribuiren [8]).

Rathhaus.

Hospital zum heil. Leichnam.

Brücken und Wehre.

Ganz besonders aber nahmen die Wasserbauten, Brücken und Wehre den Geldbeutel der Stadt in Anspruch. Für die Brücken finden wir fast alljährlich bedeutende Summen ausgesetzt, so 1303 30¾ m., 1304 25 m. 8 scot., 1307 23 m. 3 scot. [9]), 1328 wird die Sandbrücke neu gebaut mit einem Kostenaufwande von 30 m. [10]) Noch bedeutender sind die Kosten für den Wehrbau. 1319 werden für Reparatur der Wehre incl. der Kosten für die Anschaffung von Faschinen und die Fuhren verausgabt 70 m. [11]), und für ein neues Wehr wird in dem Jahre 1330—33 die ungeheure Summe von 296 Mk. bezahlt [12]). Speziell aufgeführt wird ein Wehr auf St. Vincenz zu (wohl das, welches an die Hinterbleiche anstösst) [13]), und ferner ein Wehr, welches den Zweck gehabt hat, die Oder zur Stadt zurückzuführen, d. h. wohl einen zu reichlichen Ausfluss in die alte Oder zu verhindern, also vermuthlich das heutige Strauchwehr

---

1) Lünig XIV, 232.
2) Henr. p. p. 26 und 29.
3) Henr. paup. p. 21 u. 33.
4) Ibid. p. 3.
5) Lünig XIV, p. 240.
6) Henr. paup. p. 53.
7) p. 57.
8) p. 44.
9) p. 13 u. 15.
10) p. 54. z. J. 1299, p. 2 wird des Weissgerberateges z. J. 1301, p. 6 der Nikolaibrücke gedacht. Die Ausgaben für die Brücken sind meist mit andern zu einer Summe zusammengezogen.
11) p. 44.
12) p. 56, 59, 60. Das wären, ohne den Geldwerth in Anschlag zu bringen, in runder Summe 3000 Thlr.
13) p. 21 und 32, offenbar dasselbe, welches schon z. J. 1304, p. 15 erwähnt und vergl. unten S. 79. Anm. 5.

bei Scheitnig[1]). 1326 wird ein Dammbruch der Oder erwähnt[2]). Vor einem Hochwasser in der Ohlau suchten sich die Consuln dadurch zu schützen, dass sie im Jahre 1334 von dem Rathe zu Ohlau die Erlaubniss sich erkauften, über die Viehweide dieser letzteren Stadt einen Kanal zu graben, durch welchen bei plötzlichem Hochwasser der Ohlau deren Wasser in die Oder abfliessen konnte[3]).

Mühlen.

Die grossen Wehrbauten lassen auf einen bedeutenden Mühlenbetrieb schliessen. Schon 1252 müssen doppelte Mühlenanlagen an der Oder vorhanden gewesen sein bei St. Mathias und bei Allerheiligen[4]), und auch an dem Arme, der die Sandinsel umfloss, findet sich bereits 1304 die sogenannte Czindalmühle[5]) (gegenüber der Clarenmühle) sogenannt nach ihrem ersten Besitzer, einem aus der alt patrizischen Familie der Cindal (de Cyndato). An der Ohlau wird 1269 eine Mühle im Besitz von Privatpersonen erwähnt[6]). Ausserdem besass hier noch, wie wir o. S. 11 erwähnten, das Sandkloster eine Mühle (die sogenannte Kätzelmühle), welche abgebrochen werden musste, als 1291 die Ohlau um die Stadt geführt wurde. Zur Entschädigung erhielt das Kloster den halben Ertrag von der neu gebauten Mühle an diesem Flusse, der Siebenrademühle[7]), während die andere Hälfte der Stadt gehörte. Diese Mühle scheint nun auch längere Zeit die einzige gewesen zu sein, auf welche die Stadt ein Anrecht hatte, in den Rechnungsbüchern wird wiederholt der Revenüen von einer Mühle gedacht[8]),

---

[1]) p. 16. [2]) p. 53.

[3]) Der Rath zahlt dafür 41 Mk. Henr. paup. p. 60, Urk. über diesen Vertrag vom 19. Okt. (Raths-Archiv A. 39). Die Ohlau fliesst bei Ohlau, wenige hundert Schritte von der Oder entfernt, nur durch die dortige Viehweide von ihr getrennt, ihr Wasserspiegel aber liegt bei gewöhnlicher Wasserhöhe etwa 8 Fuss über dem der Oder. Hochwasser der Oder steigen auf 12 bis 18 Fuss, und ergiessen sich deshalb über die Viehweide in die Ohlau und das ganze Ohlauthal, so dass beide Flüsse auf 2 Meilen ein grosses Strombett bilden. Bei heftigen Regen im Sommer dagegen, die zwischen dem Zobten und dem Rummelsberg fallen, steigt oft die Ohlau sehr plötzlich und überschwemmt ihr Thal, während die Oder ganz niedrigen Wasserstand hat. Diese Ueberschwemmungen konnten durch einen solchen Kanal in die Oder abgeleitet, und dadurch die Beschädigungen an Mühlen, Ufern und Wiesen verhütet werden, welche sie wegen der Verschiedenheit des Niveau's in höherem Grade als die gleichmässigen Oderhochwässer herbeiführen.

[4]) Klose I, 468, vergl. auch Stenzel, Ss. II, p. 87, Anm. 1.

[5]) Henr. paup. p. 15. Dort wird diese Mühle allerdings nur als molendinum Sibuthonis bezeichnet, doch zeigt eine Vergleichung dieser Stelle mit den bei Klose I, 617 u. 632 angeführten Urkunden, dass hier die Czindal-Mühle gemeint ist. Zu ihr gehörte unzweifelhaft das in Hen. paup. p. 21 und 32 angeführte Wehr; man darf sich durch die hier gebrauchten Ausdrücke circa St. Vincentium u. prope Olvin (Elbing) nicht verleiten lassen, die Mühle an den Oderarm, welcher damals über den Elbing floss, zu versetzen, auch in der Urkunde bei Klose I, 617, findet sich von der Czindalmühle der Ausdruck gebraucht, sie habe „auf den Elbing zu“ gelegen, und doch lässt die Stelle der Urkunde von 1332, welche die Mühle als der Clarenmühle gegenüberliegend bezeichnet, jene Annahme nicht zu.

[6]) Sommersberg I, 328.

[7]) Der Ausdruck dy muhlstadt czu den sebin radin findet sich schon in der Ueberschrift der hierüber aufgenommenen Urkunde im Repertor. Heliae p. 499.

[8]) 1310 empfangen allerdings die Consuln 2 Mühlen vor der Stadt für 510 Mk., wovon sie dann 50 Mk. abgeben. Henr. paup., p. 28 u. 29, doch wissen wir von diesen sonst Nichts, ebenso wenig wie von der, bei deren Aussetzung

1330 kommt neben der Ohlaumühle noch ein molendinum glebatum vor[1]), dann 1331 eine Walkmühle, die gleichfalls an der Ohlau gelegen zu haben scheint, 1333 eine Rossmühle[2]) und 1335 ist wieder von einer neuen Mühle die Rede[3]). Später wird die Anlage neuer Mühlen geradezu zu einer Spekulation von Seiten des Rathes, es werden solche als Compagniegeschäfte unternommen, und namentlich betheiligte sich hierbei ein reicher Krakauer Bürger, Nikolaus Wirsing[4]), wie denn schon die oben erwähnte Walkmühle einem solchen Geschäfte ihre Entstehung verdankt zu haben scheint[5]). Ueber die Verpflichtung der Mühlenbesitzer zu den Wasserbauten giebt die Urkunde von 1314 einige Auskunft[6]).

1325 (p. 51) sie 300 Mark gewinnen (möglicherweise einer Mühle an der Weide, vergl. p. 52, Anm. 1). Auch über jene Stadtmühle sind wir noch nicht vollständig im Klaren, ich will wenigstens einiges Material zu einer eingehenderen Untersuchung hier beibringen:

1269 erhalten die Besitzer der Mühlen an der Ohlau, Gondekinus dictus Stillevoyt, Bertholdus und Henricus molendinarius, Godinus, der Sohn des Helvicus v. Bohuslavia, Zacharias und Conradus, Gotfridus albus, Petrus institor de Olavia und Nicolaus de Gauzeka das Recht, einen Graben aus der Oder in die Ohlau anzulegen, zum Nutzen der Mühlen. (Sommersberg I, 328.)

1272. Gotkinus civ. Wrat. tritt seinen Antheil an der Mühle in der Neustadt gegen 10 Mark Silbers an den Abt des Sandklosters ab (Repertor. Heliae p. 497 Prov.-Arch.).

1272. Gothinus civ. Wrat. hat ratione advocatie, quam in nova obtinet civitate, Ansprüche erhoben auf die Mühle an der Ohlau juxta muros Wrat., aber vom Gerichte abgewiesen auf seine Ansprüche verzichtet (siehe die vor. Urk.). Der Abt verständigt sich nun mit Henricus clippeator, dictus de Zyz, civ. Wrat. (Repert Heliae 497, 498).

1291. Herzog Heinrich giebt dem Sandkloster zur Entschädigung für die wegen der veränderten Leitung der Ohlau abgebrochene Mühle die Hälfte des Ertrages von der neuerbauten Mühle an diesem Flusse (zw den sebin radin). die andere Hälfte hat die Stadt (Repert. Heliae 499).

1300 geben die Consuln aus: Magistro Ciezkoni molendinario de molendino 18 m. de ponte (Henr. paup. p. 6.).

In dem in den Rathskatalog eingebundenen Fragmente eines Zinsregisters aus dem Anfange des 14ten Jahrhunderts heisst es: Nota: Pfefferkorn emit 4 maldratas. Molendinum civitatis dat 20 maldratas, de hoc civitas dat 4 maldratas ad partem ejus et abbas 8 maldratas et Titzco Molen (dies ist offenbar der eben erwähnte Ciezco molendinarius) 8 maldratas, et Nicolaus Stillephot et socii ejus dant 2½ maldratam.

1305 Theodericus dictus Phephirkorn universitati civium vendidit aream suam sitam circa novam civitatem, ubi quondam exstitit piscina ante molendinum, quod fuit olim conventus St. Marie virg. apud Wratislav. et Henrici dicti Schilder (dies ist der o. in der Urk. v. 1272 genannte Henr. clippeator dictus de Zyz), et locum, ubi stetit ipsum molendinum, cum omni ambitu longitudinis et latitudinis etc. (Raths-Archiv A. 17).

1325 schenkt Heidenricus de Molheim dem Sandkloster den 16ten Theil an der Mühle an der Ohlau, von der das Stift bisher seit 1291 die Hälfte gehabt hat, so dass es fortan $\frac{9}{16}$ des Ertrages haben muss. (Chron. abb. b. Mar. Stenzel Ss. II. 190.

1334 verträgt sich der Rath schiedsgerichtlich mit dem Abt Michael vom Sande (nach dem erwähnten Chron. p. 190 stirbt derselbe 1328) wegen des Rasenstechens und der Wehre in Scheitnig, wofür aus dem gemeinen Kasten der Mühle am Graben 3 Mark Zins gezahlt werden sollen, ferner über Reparaturen der Wege und Brücken bei der Mühle (Rep. Heliae f. 502). 1346 kommen zuerst mehrere Mühlen an der Ohlau vor. Henr. paup. p. 72.

[1]) Henr. paup. p. 56; von ihr weiss ich Nichts.

[2]) p. 60. [3]) p. 62.

[4]) Vergl. über ihn das Register zum Cod. dipl., Siles. III, und die dort angeführten Stellen.

[5]) Henr. paup. p. 92.

[6]) Klose I, 615.

Fischerei.

Der Fischerei wird in den Rechnungsbüchern während unsres ganzen Zeitraumes nicht gedacht, obwohl im Jahre 1309 der Stadt ausdrücklich die Fischerei in dem einen Oderarme von dem neuen Damme am Vincenzkloster bis zu der Mündung dieses Seitenarmes in den Hauptstrom verliehen wird[1]). Sonst hatten das heilige Geiststift und das Mathiasstift noch eine Fischereigerechtigkeit in der Oder und das Sandstift in der Ohlau[2]).

Stadtviertel.

Die Stadt erscheint zum Zwecke der Steuererhebung schon beim Beginn des 14ten Jahrhunderts in jene vier Viertel eingetheilt, welche dann bis auf die neueste Zeit sich erhalten haben[3]); 1. das Viertel der Kaufleute von der Schweidnitzerstrasse bis an die reussische reichend, sogenannt von den russischen oder polnischen Kaufleuten, welche auf dem Salzringe ihre Waaren abzulagern und dort auch in ihren Wagen ihr Quartier zu halten pflegten[4]); 2. das Viertel der alten Fleischer von der reussischen Strasse bis zur Schmiedebrücke, welches von den dort gelegenen alten Fleischbänken seinen Namen hatte: 3. das grosse Viertel von der Schmiedebrücke bis zur Albrechtsstrasse, in der That das grösste Viertel, da es auch den Neumarkt und seine Umgebung bis an die Oder und an die Neustadt einschloss; 4. das Viertel der Kürschner von der Albrechtsstrasse bis an die Schweidnitzerstrasse, benannt nach den Kürschnern, welche sich vorzugsweise dort an der Ohlau angesiedelt hatten, um in dieser ihre Felle zu waschen. Natürlich kommt zu diesen vier Vierteln neben den schon erwähnten ausserhalb der Mauer liegenden Bezirken seit 1326 auch die Neustadt.

Bei dem speciellen Zwecke, den diese Eintheilung im Auge hat, werden wir uns nicht wundern dürfen, neben diesen lokalen noch gewerbliche Bezirke besonders angeführt zu finden, obwohl diese letzteren in jenen darin lagen, unterlagen doch diese letzteren einer besondern Veranschlagung, wie wir o. S. 39 an dem Beispiele der Tuchkammern sehen. Als solche gewerbliche Bezirke werden genannt: 1. die Malzhäuser[5]), 2. die Kauf- oder Tuchkammern, die an der Stelle der jetzigen Elisabetstrasse lagen, ferner 3. die Reichkrämer[6]), institores, welche

---

[1]) Klose I, 600, Copb. f. 135, Piscatura de novo meatu, qui vulgariter dicitur „neuen Tamm" versus monast. S. Vincentii usque ad verum fluxum Oderae in longum et latum. Dieselbe Fischerei auf derselben Strecke der Oder war 1296 an den herzoglichen Marschall Walwan von Provin vergeben worden. Klose I, 580.

[2]) Morgenbesser Gesch. des Hospitals u. d. Schule z. heil. Geist, S. 3., Klose I, 469 u. 565.

[3]) In Zimmermanns Beschreibung der Stadt Breslau, Bd. 11 von dessen Beiträgen zur Beschreibung von Schlesien Brieg 1794 finden sie sich noch als Polizeiviertel aufgeführt, S. 27 ff.

[4]) Ich lasse dahin gestellt, ob diese Erklärung des alten Glossators zum Henr. paup. p. 9. a, schon auf unsre Zeit ihre Anwendung findet.

[5]) Siehe o. S. 76.

[6]) 1308 p. 24 wird zuerst zwischen den eigentlichen institores und den pauperes crami unterschieden. Die letzteren werden in einer Urkunde von 1310 für Liegnitz bei Thebesius Liegnitzer Jahrbücher II, p. 142 so definirt: pauperes crami, qui institam emere non possunt, retro institas tribus diebus in ebdomade sua mercimonia licite venundabunt.

ihre Stellen jenen parallel hatten, da wo heut der Eisenkram ist, 4. die Wollscharren, endlich 5. die penestici (Verkäufer von Lebensmitteln[1]).

Steuer-einsammlung. Die Einsammelung der Steuern besorgten in jedem dieser Bezirke je zwei dazu designirte Bürger[2]), doch musste zuweilen auch eine Collecte in dem Rathhause selbst abgeliefert werden, wie dies beim Jahre 1314 von der fünften Collecte ausdrücklich bezeugt wird[3]). Statt des baaren Geldes nimmt man wohl auch Pfänder[4]), natürlich bleiben auch Reste, die erst nachträglich eingetrieben werden können[5]). Ueber die Einrichtung dieser Collecten, und die Veränderung, welche dieselben im Jahre 1320 erfahren, ist schon oben S. 43 gesprochen worden.

Diese Abgaben machen nun den bei Weitem grössten Theil der Jahreseinnahme aus[6]). Alles Uebrige wird unter dem Gesammtnamen des census civitatis zusammengefasst[7]), obwohl es richtiger wäre, die Strafgelder (poenae, choer), wie es an einigen Stellen der Rechnungsbücher auch geschieht, hiervon zu trennen.

Unter dem census civitatis subsumirt erscheinen auch einige Einnahmen, welche den Charakter specieller Abgaben zu tragen scheinen.

Erbzins. 1) Der Erbzins, census haereditarius; von diesem sagt Heinrich VI. 1328, wo er denselben in der Neustadt den Breslauern schenkt, seine Vorfahren hätten denselben der Altstadt schon früher erlassen[8]), wann dies geschehen, wissen wir nicht; 1317 finden wir ihn in den Rechnungsbüchern zuerst erwähnt; 1320 betrug die Einnahme davon extra civitatem et intra 10 Mark 1 Skot, und in einem alten Zinsregister wird für das Jahr 1342 die Erhebung in der Weise angegeben, dass gesagt wird, von einem ganzen Hof sei 1 Gr., von $\frac{1}{2}$ Hof 1 quart, von $\frac{1}{4}$ Hof 3 Heller erhoben worden[9]). Die hieraus zu berechnende Summe im Betrage von $10\frac{3}{4}$ Mark stimmt fast ganz mit der oben erwähnten vom Jahre 1320. Es erscheint auffallend, dass der Modus der Erhebung dieser Steuer ganz mit der ursprünglichen Besteuerung des Grund und Bodens in der Stadt nach der area übereinstimmt, nach der die ältesten Collecten von 400 Mark jährlich, (also fast 40 mal mehr) erhoben wurden. Es ist auch kaum denkbar, dass die kleine Steuer nicht ebenso wie die Collecten von dem

---

[1]) Im 16ten Jahrh. hatten sie auf der Ostseite des Ringes feil. Barth. Steni descriptio Vratisl. ed. Kunisch, p. 6.

[2]) Henr. paup. p. 23. [3]) p. 37.

[4]) 1308 kommen z. B. bei einer Doppelcollecte im Kürschnerviertel 30 Mark 3 fert. in baarem Gelde und 16 Mark 3 Scot in pignoribus ein. Henr. paup. p. 23.

[5]) Dies sind die Posten, welche als „de antiquo quatrino" oder als „remanens in libris collectarum" bezeichnet sind. p. 46, 47, 48.

[6]) 1300 beträgt die Jahreseinnahme 1613 Mark, und davon ergeben die Collecten 1531 Mark (Henr. paup. p. 4), 1302 von 828 Mark 701 Mark. (p. 10.)

[7]) p. 4. [8]) Klose I, 631. Copb. f. 376. [9]) Henr. paup. p. 33 Anm. 6.

Stadtmagistrate selbst eingezogen worden und beide erst mittelbar dem Herzoge zugeflossen wären. Aus diesem Verhältniss lässt sich das Fortbestehen dieses verschwindend kleinen Betrages neben des bedeutend grösseren der Collecten, wohl kaum anders erklären, als dass dieser census haereditarius die auf der Grundfläche der Stadt in der slavischen Zeit für den Grundherrn, den Herzog, haftende Abgabe war, zu deren Aufhebung im Sinne des Mittelalters durch die Neugründung der Stadt keine Veranlassung gegeben ward. Dass der Herzog gegenüber den grossen Ansprüchen, die er, abgesehen von den gedachten 400 Mark [1]), unter verschiedenen Titeln an die deutsche Stadt stellte, diese kleine Abgabe der Bürgerschaft überliess, lag sehr nahe, ebenso natürlich war es aber auch, dass die Stadt gerade deshalb, weil diese Hebung keine neue, sondern eine längst hergebrachte und gewohnte war, sie nicht zu den Collecten schlug sondern nach wie vor in üblicher Weise einzog und für ihre communalen Bedürfnisse verwandte.

2) Der Feuerheller, wohl ursprünglich zur Bestreitung der Kosten für die Löscheinrichtungen bestimmt und in derselben Weise erhoben wie der Erbzins (1 Hof 8 Heller, $\frac{1}{2}$ Hof 4 Heller, $\frac{1}{4}$ Hof 2 Heller). Summa im Jahre 1342 $7\frac{1}{2}$ Mark [2]). Feuerheller.

3) Eine Abgabe von viel weniger allgemeiner Natur, der Mauerzins, wie es scheint, für die Berechtigung gezahlt, an die Stadtmauer oder andere städtische Mauern anzubauen, wie denn bis auf die neueste Zeit Mauerzins von den an das Schmetterhaus angebauten Häusern erhoben wurde. Von 8 Ellen gab man 1 Skot. In den Rechnungsbüchern wird er zuerst im Jahre 1331 besonders erwähnt. In der zweiten Hälfte des 14. Jahrhunderts betrug die Einnahme davon in Summa 11 Mark 1 Loth [3]). Mauerzins.

Neben diesen Abgaben treten nun unter der Rubrik des census civitatis auch verschiedene Gewerbezinse auf, nämlich soweit die betreffenden gewerblichen Lokalitäten nicht schon als besondere Steuerbezirke bei den Collecten aufgeführt sind. So werden hier noch genannt 1) Die Brot- und Schuhbänke [4]), eine Brotbank gab einen jährlichen Zins von $\frac{1}{2}$ Mark [5]). 2) Die Gewerbliche Zinse.

---

[1]) Schon um jede Verwechselung mit diesem census haereditarius zu vermeiden, habe ich den von Stenzel (schles. Gesch. S. 259 und auch an vielen andern Orten) gebrauchten Ausdruck Erbschoss für das Panschquantum an den Fürsten vermieden.

[2]) Henr. paup. p. 83 Anm. 6. [3]) Henr. paup. p. 98 ff.

[4]) Brotbänke: Schuhbänke:

	Brotbänke	Schuhbänke
1303	6 Mark 9 Skot,	12 Mark 2 Scot, (hier sind vielleicht die beiden Posten verwechselt),
1304	12 Mark 1 Quart,	6 Mark 4 Skot,
1309	13 Mark 20 Skot,	5 Mark 28 Skot.

In den übrigen Fällen erscheinen diese Einnahmen nicht specificirt. Die Gewerbezinse der Fleischer müssen auch bei den Collecten in quartali carnificum mit eingenommen worden sein, denn die nur einmal beim Jahre 1315 p. 39 genannten 23 domunculi inter carnifices können diese Einnahmen nicht wohl repräsentiren.

[5]) So viel giebt nach dem oben angeführten Zinsregister die von dem Barthol. carnifex gekaufte Brotbank. Auf

11*

Leinwandverkäufer, die um 1300 ihre Verkaufsstätten im Rathhause hatten[1]), dazu kamen später noch die Roth- und Weissgerber. 1309 werden zum ersten Mal die Wagenbauer mit einem jährlichen Zins von 5 Mark[2]), sowie die Töpfer mit 12 Skot aufgeführt. 1315 werden 11 domunculi der letzteren genannt[3]). Zu diesen gewerblichen Lokalitäten gehören auch

Badestuben. die Bäder oder Badestuben. 1309 wird nur einer einzigen solchen gedacht mit einem jährlichen Zinse von 5 Mark[4]). 1312 aber 4, nämlich vor dem Ohlauer, Schweidnitzer, Reussischen und Oderthore je eine, wozu dann noch eine aus der Neustadt kam, deren schon in der Gründungsurkunde dieses Stadttheils gedacht wird[5]). Die Anlegung einer solchen Badestube zeigt uns das schon mehrfach erwähnte Zinsregister, worin es heisst, der Pächter der Badstube vor dem Reussischen Thore soll ein Jahr frei sein, in den zwei darauf folgenden Jahren 3 Mark und später immer 4 Mark zahlen[6]). Auch an der Ohlau lag ein Bad, welches den Namen Lyderis

Apotheke führte[7]). Eines Apothekers, Namens Heinrich, finde ich zuerst 1331 Erwähnung gethan[8]).

Innungsgelder Die Innungen der Handwerker zahlen nach der schon oben S. 33 erwähnten Bestimmung von 1273 ⅓ des für den Eintritt jedes neuen Mitgliedes in die Zunft erhobenen Geldes an die Stadt. In jener Urkunde wird als Maximum, das hierfür gefordert werden darf, die Summe von 3 Vierdung bestimmt, doch zweifle ich, ob je von den Zünften ein so hohes Eintrittsgeld gefordert worden ist; für die ältere Zeit macht es mir unwahrscheinlich der geringe Betrag der an die Stadt abgelieferten Summen (1303 die Bäcker 1 Mark, die Schuster 2 Mark, 1309 beide 2 Mark), für die spätere Zeit zeigt dies ganz deutlich das ausführliche Rechnungsbuch von 1387, wo die Einnahmen von der Innung specifizirt erscheinen und wir einer Menge Posten begegnen, die zum grössten Theile weit unter jenem Maximum von ¼ Mark, als dem Antheile der Stadt, stehen[9]). Nur die Reichkrämer, welche wir später auch aus der Reihe der Zünfte ausscheiden sehen, scheinen ein höheres Eintrittsgeld von Anfang an gehabt zu haben, ihre Innung liefert 1309 20 Mark an die Stadt ab[10]).

---

diese bezieht sich augenscheinlich die leider durch den Abschreiber korrumpirte Stelle im Henr. paup. z. J. 1309 p. 26, wo es aber offenbar panis statt pannis heissen muss.

1) Henr. paup. p. 2 — in dem Zinsregister heisst es: telicide de quolibet scampno ¼ fert. singulis annis, ob nun diese Bänke im Rathhause waren oder sie damals schon, also bald nach 1300, ihre eignen Bänke hatten, ist fraglich.

2) p. 26. Nach einem Zinsregister der Elisabethkirche aus dem 14ten Jahrhundert befindet sich der Bezirk inter currifices zwischen der Nikolaistrasse und dem Burgfelde.

3) Nach demselben Zinsregister jenseits der Ohlau zwischen der reussischen und Nikolaistrasse Henr. paup. p. 39.

4) p. 25. 5) Tzsch. u. St. p. 405.

6) Allerdings wird derselbe in einem späteren Zinsregister aus dem 14. Jahrhundert als nur 3 Mark zinsend aufgeführt. Vergl. Henr. paup. p. 34 Anm. 1.

7) Register zum Henr. paup. unter d. W. balneum. 8) Leubuser Urk. No. 258 (Prov. A.)

9) Henr. p. p. 125. 10) Daselbst p. 26.

Natürlich hatten auch die Juden ihren Antheil an den communalen Lasten. Klose (II, 73) zeigt, dass es schon 1204 hier Juden gegeben habe, die sich im Besitz von Landgütern befunden, doch blieben ihnen auch hier die überall im Mittelalter von Zeit zu Zeit wiederkehrenden Judenverfolgungen nicht erspart. Zum ersten Male trug sich eine solche 1226 zu, veranlasst wahrscheinlich durch mehrfache Calamitäten, welche damals über die Stadt gekommen waren, so 1219 eine grosse Feuersbrunst, dann Misswachs und eine drei Jahre lang anhaltende Pest, doch heisst es, die Juden hätten sich bald wieder mit Geld eingekauft [1]). Juden.

Was nun die Stellung der Juden in späterer Zeit anbetrifft, so erfahren wir zunächst am Anfange des 14ten Jahrhunderts von einigen hierauf bezüglichen Festsetzungen der geistlichen Obrigkeit [2]). Hier heisst es, die Pfarrer sollen die Fleischer ermahnen, dass sie nicht von den Judenfleischern das kaufen, was die Juden verschmähen; ferner sollen Christenweiber nicht Ammen bei Juden sein, sondern binnen 14 Tagen den Dienst aufgeben, überhaupt sollen die Juden nicht christliche Diener halten, auch sollen sie nicht Kapuzen tragen wie die Christen, sondern ihre Kleidung ändern. Endlich wird wiederholt darauf gedrungen, dass der Jude Salomo, den der Herzog (hier ist wohl Boleslaus gemeint) zu seinem Hof- und Küchenmeister gemacht hat, dieses seines Amtes enthoben werde.

Weiter spricht sich dann der Breslauer Rath selbst in einem Weisthume an Glogau 1315 über die rechtliche Stellung der Juden folgendermassen aus: Dieselben zahlen von ihren Häusern die regelmässige Steuer, ausserdem geben sie jährlich eine gewisse Summe dafür, dass sie von den communalen Lasten der andern Bürger, z. B. den Wachdiensten befreit sind; auch ist es ihnen verboten, Fleisch an die Christen zu verkaufen, endlich sind noch eine Menge Dinge zwischen den Juden und den andern Bürgern streitig; über diese will der Rath, sobald sie entschieden sein werden, weiteren Bericht erstatten [3]). Diese hier angedeuteten Reibungen, verbunden mit damals herrschenden andauernden Nothständen führten 1319 eine zweite Vertreibung der Juden herbei, und als unmittelbar darauf eine grosse Feuersbrunst die Stadt heimsuchte, war man sehr geneigt, diese auf Rechnung der Juden zu setzen [4]). Doch scheinen nicht alle Juden vertrieben worden zu sein, denn aus den Jahren 1319, 1321, 1323 etc. finden sich schon wieder Einnahmen von ihnen, sie beginnen mit dem bescheidenen Betrage von 6 bis 7 Mark,

[1]) Pols Jahrbücher 1219, 1221, 1226.

[2]) Diese Bestimmungen sind entlehnt dem handschriftlichen Formelbuche Arnolds von Procsan aus der Zeit des Bischofs Heinrich (1301—19), welches sich im Besitze der Universitätsbibliothek zu Königsberg befindet No. 101. Herr Archivar Dr. Wattenbach hat daraus Regesten angefertigt und dieselben mit gewohnter Freundlichkeit mir zur Benützung überlassen. Die Signatur der hier erwähnten Stellen ist 1, 73—75. Leider fehlen hierin die Namen meistens und die Zeitbestimmungen immer.

[3]) Tzsch. u. St. No. 118 §. 5. p. 497.

[4]) Pols Jahrbücher z. J. 1319.

während diese Posten früher 30 Mark und mehr betrugen, wachsen aber wieder sehr schnell zu überraschenden Summen an, 1326 zahlen die Juden 165 Mark, 1327 70 Mark, 1328 85 Mark und 1331 die Breslauer und Neumarkter Juden sogar 366 Mark. Es scheint also die Höhe jener ausserordentlichen Beisteuer ganz in der Willkür des Rathes gelegen zu haben und je nach Zeitlauf und Bedürfniss normirt worden zu sein. Neben der Besteuerung aber und gewiss nicht ohne Rückwirkung auf diese werden mit den Juden fortwährend Anleihegeschäfte von der Stadt gemacht, da sie von dem durch die Kirche aufrecht erhaltenen Verbote des Zinsennehmens nicht betroffen wurden.

Polizei. Wenden wir uns schliesslich zu den Einnahmen aus den polizeilichen Funktionen des Rathes. Zu diesen werden in unseren Rechnungsbüchern die Posten über die proscripti gerechnet. Die Proscription oder Verbannung war eine Strafe, welche vom Rathe über Bürger verhängt wurde, sei es auf immer oder auf kürzere Zeit, dann wurde aber auch die Proscription über Auswärtige, besonders Wegelagerer und Friedensbrecher, ausgesprochen, denen man das Betreten des städtischen Weichbildes untersagte. Diese Strafen und ihre Dauer wurden in besonderen Büchern aufgeschrieben, auch wohl befreundeten Städten von solchen Strafen und ihrer Ursache Mittheilung gemacht. Einen solchen liber proscriptorum besitzt unser Archiv noch aus dem Ende des 14ten Jahrhunderts, und schon die Urkunde Johann's von 1331, welche die Bürger zur Bestrafung der Räuber auffordert [1]), gedenkt der tabulae proscriptorum. Wurde solch ein Proscribirter wieder auf dem städtischen Weichbilde betroffen, so konnte ihn Lebens- oder Freiheitsstrafe, oder wenn sein Vergehen kein so schweres war, nur Geldstrafe treffen; augenscheinlich liess sich auch durch Geld die Zeit der Verbannung verkürzen, oder die Erlaubniss, zeitweilig zurückzukehren, auswirken, wenigstens finden sich alljährlich in den Rechnungsbüchern Einnahmen de proscriptis; es kam auch vor, dass ein aus einer andern Stadt Verbannter hier Aufnahme fand und für dieses Asylrecht eine bestimmte Summe zahlte, so Nikolaus aus Patschkau 1317 20 Mark [2]).

Die eigentliche Polizeigewalt gehörte, wie wir oben S. 18 sahen, zu den ältesten und ersten Befugnissen des Rathes, sie umfasst zunächst die Marktpolizei; diese hatte den Vorkauf, d. h. das Aufkaufen von Lebensmitteln seitens der Händler, zu verhindern, die Strafe dafür betrug

[1]) Lünig XIV, 236, es ist die Urkunde, welche fälschlich in das Jahr 1320 gesetzt ist. Eine sicher sehr wirksame Verordnung gegen die Wegelagerer findet sich schon aus dem Jahre 1305. In dieser wird bestimmt, dass für keinen von einem Wegelagerer gefangenen Bürger ein Lösegeld gezahlt werden dürfe. Vielmehr soll alle Habe des Gefangenen von dem Augenblicke seiner Gefangennehmung an von dem Rathe in Sequestration genommen und zum Nutzen von dessen Erben verwaltet werden. Klose I, 596. Copb. f. 306.

[2]) Henr. paup. p. 41.

½ Vierdung[1]), hierzu ward noch das Aufkaufen von Fischen im Umkreise einer Meile gerechnet bei Strafe von 1 Loth[2]), ferner darüber zu wachen, dass überall das gesetzlich bestimmte Maass beobachtet wurde, so auch beim Ausschank von Bier und Meth. In Bezug auf die Wirthshäuser findet sich schon aus Heinrich's IV. Zeit die Bestimmung, dass in dem Weinkeller oder Bierhause der Wirth kein höheres Spiel zulassen darf, als der Pfandwerth des Gürtels beträgt, auch darf Niemand wegen Spielschulden gefangen gesetzt werden, Beides bei Strafe einer Mark[3]). Endlich wurde überhaupt der gesammte Gewerbe- und Handelsbetrieb auf das Sorgfältigste überwacht; die mannichfaltigen Rubriken der Polizeistrafen, die wir in unsern Rechnungsbüchern finden, und denen wir im Einzelnen nicht mehr nachzugehen vermögen, sprechen auf's Deutlichste dafür[4]). In den Verkaufsstätten der Bäcker, der Fischhändler (diese auf dem 1323[5]) dazu eingerichteten Platze am Rathhause) und der Getreideverkäufer hatte man sogar besondere Wachen angeordnet (1331 zuerst erwähnt), welche zugleich zur Bewachung und zur Ueberwachung dienen sollten, und für welche die Händler nicht nur selbst eine gewisse Steuer entrichten mussten, sondern an die sich auch eine andere in ihrer nähern Beschaffenheit nicht klar erkennbare Abgabe anschloss, bei den Bäckern als Strichgeld, bei den Fischhändlern als Ladung bezeichnet[6]). Dazu kam dann die Strassenpolizei, welche darüber wachte, dass die Strassen gehörig gereinigt und der Verkehr nicht durch Aufhäufungen von Holz, Heu oder Mist vor den Häusern gestört würde[7]), es findet sich auch z. B. die Bestimmung, dass sich Niemand länger als nöthig in den (sehr engen) Fleischbänken aufhalten solle; ferner sind Festsetzungen über die Höhe der Brot- und Schuhbänke gemacht und Verbote Thürschwellen auf das Pflaster zu verlegen, Festsetzungen deren Uebertretung offenbar mit Geldstrafen geahndet wurden[8]). Als zur Sicherheitspolizei gehörig, kann man die in den Rechnungsbüchern häufig vorkommenden Geldstrafen von Nachtschwärmern (noctivagantes) und sonstigen Excedenten rechnen, und wie streng die Consuln das vom König Johann 1331 erlassene Verbot des Waffentragens aufrecht erhielten, haben wir schon oben S. 67 gesehen. Auch über die Feuerpolizei

---

[1]) Henr. paup. p. 40, p. 151. [2]) p. 151.

[3]) Tzsch. und St. p. 506 §. 11.

[4]) Sie findet sich noch am Meisten spezifizirt auf p. 24 u. 25. Schon in der Rechtsmittheilung aus der Zeit Heinrich's IV., Tzsch. und St. p. 507 §. 20 heisst es, wessen Gebräu (birmos) das dritte Mal als schlecht confiscirt wird, dem soll sein Kretscham auf ein Jahr genommen werden.

[5]) Henr. paup. p. 49.

[6]) Henr. paup. p. 57 und die Anm. 6, 7 und 8 dazu. [7]) p. 151 u. 152.

[8]) Diese letzteren baupolizeilichen Bestimmungen sind allerdings schon aus der Zeit König Johanns, p. 152. Ob ich aus den hier verzeichneten blossen Ueberschriften der verschiedenen Statuten das Richtige divinirt habe, weiss ich freilich nicht.

finden sich einige Bestimmungen, zur Bestreitung der Löscheinrichtungen sollte hauptsächlich der oben S. 31 erwähnte Feuerheller dienen, die Bürger hatten die Verpflichtung, mit den nöthigen Werkzeugen herbeizueilen[1]), die Wasser herbeifuhren, erhielten für jeden Wagen $\frac{1}{2}$ Scot, die Besitzer der Häuser, deren Abbrechung bei einer Feuersbrunst nothwendig ward, wurden von der Stadt entschädigt. Schon in der mehrfach erwähnten Willkür aus der Zeit Heinrich's IV. Tzsch. und St. p. 508, §. 25, wird gesagt, dass, wenn bei einem Brande ein Haus niedergerissen werden muss und das Feuer dadurch aufgehalten werden kann, zu dem Wiederaufbau die Stadt den vierten Pfennig beitragen soll, wenn das Haus gegenüber von dem brennenden gelegen, sogar den dritten Pfennig, geht aber das Feuer weiter, so wird gar Nichts entschädigt und in derselben Urkunde wird (§. 26) die Straffälligkeit desjenigen besprochen, in dessen Hause Feuer ausbricht; macht derselbe Lärm, bevor man zu retten versucht, so ist er frei macht er den Feuerlärm später, zahlt er eine Mark, und läuft er aus Furcht fort, ohne Lärm zu machen oder zu retten, so soll er nach Gutdünken der Consuln bestraft werden. Noch müssen wir auch einiger Notizen gedenken, die das Gebiet der Sittenpolizei betreffen. In einem Fragment, welches eine Zeit der Bedrängniss (wahrscheinlich 1290 nach dem Tode Heinrich's IV schildert, heisst es, die öffentlichen Häuser sollten niedergerissen werden, weil von ihnen viel Uebel herkäme[2]). 1319 wird eine Abgabe von den meretrices aufgeführt[3]) und in den Statuten aus der Zeit des Königs Johann heisst es, dieselben sollten mit dem Zeichen der Stadt signirt werden und ebendaselbst wird berichtet, dass die sieben ältesten (so sorgsam waren die Herren vom Rathe!) aus der Stadt verwiesen worden wären[4]). Eine Betrachtung der verschiedenen Jahreseinnahmen aus den polizeilichen Strafen zeigt die auffallendsten Differenzen: 1305 18 M 1306 17 M., 1307 104 M., 1309 38 M., 1315 18 M., 1322 18 M., 1323 109 Mk. Als Polizeibeamte werden uns genannt die Circler, deren es 1305 für jedes Viertel einen gab[5]), 1387 finden sie 18 derselben, von denen jeder als Jahresgehalt 2 Mark erhielt. Eine Instruction für sie aus dem 15ten Jahrhundert theilt Klose mit[6]). Die Besoldung der gesammten städtischen Dienerschaft (vigilum, servorum, circulariorum) belief sich 1305 auf 55 Mark minus 2 Skot.

Für die Besoldung der Polizei trieb die Stadt noch besonders Geld ein, so findet sich i Henr. paup. p. 1305 unmittelbar hinter den Collekten ein Posten de precio circulariorum $9\frac{1}{4}$ M

---

[1]) p. 152. Nullus currat ad ignem cum injustis defendiculis.

[2]) p. 151. Allerdings folgt darauf ein si non, nach welchen Worten das Fragment abbricht.

[3]) p. 45. [4]) p. 152.

[5]) p. 16. Ich schliesse dies aus der Höhe der Summe, 9 Mark 6 Skot im Vergleich mit der Salarirung von 13 (p. 147).

[6]) Stenzel Ss. III, 198.

1311 12 Mark, und in den späteren Rechnungsbüchern steht regelmässig neben den Collecten noch als Einnahmeposten die Rubrik: vigiles in foro [1]).

Steuern an den Herzog.

Von den gesammten Einnahmen der Stadt hatten die Consuln nun an regelmässigen Steuern dem Landesherrn zu entrichten von den Collecten jährlich 400 Mark [2]) und ferner an Münzgeld (Abegane, contributio monetalis), durch welches der Fürst für den früher aus dem öfteren Umprägen der Münzen gezogenen Gewinn entschädigt wurde, 160 Mark in zwei halbjährigen Terminen [3]). Wie die Stelle des Henr. paup. z. J. 1320 zeigt, zogen sie auch von der Neustadt das Münzgeld ein, doch ist die Summe hier, wie an den übrigen Stellen, die man hierauf beziehen könnte, auffallend niedrig [4]). Diese Abgaben erhalten sich in derselben Höhe unverändert durch das ganze 14te Jahrhundert, und obwohl König Johann das Münzgeld den Breslauern, als diese eine grosse Feuersbrunst hart betroffen, 1342 „für ewige Zeiten" erlässt [5]), so wird es doch schon unter Karl IV. wieder erhoben. Auch kostete die Bewirthung der als Gäste hier anwesenden Fürsten bedeutende Summen [6]). Natürlich bildeten die regelmässigen Steuerhebungen nur einen kleinen Theil der Leistungen, welche die Fürsten von der Stadt beanspruchten, wir haben oben Seite 39 und 69 schon Beispiele angeführt, welche grosse Summen schon früher die Herzöge und dann auch König Johann, sogar ehe er noch selbst die Regierung angetreten, von der Stadt gezahlt erhielten, und werden auch noch im Zusammenhange darstellen, welche bedeutenden Lasten die Stadt in Kriegszeiten tragen musste. Für die Stadt wurde es nun schwer, so grosse Summen, die plötzlich von ihr gefordert wurden, aufzubringen, und da es bald misslich erscheinen musste, dieselben sofort in ihrem ganzen Betrage durch eine neue Collecte von der Bürgerschaft einzutreiben, so lernte man sich durch Anleihen helfen; solche nahm man auf entweder bei reichen Juden, die sich dafür beträchtliche Zinsen (usura, nicht unter 10%) bezahlen liessen, wie sich schon 1301 solche Anleihen finden, oder auch bei den patrizischen Kaufleuten, wo man wegen des von der Kirche aufrecht erhaltenen Verbotes des Zinsnehmens beim Geldleihen die Anleihe unter der Form eines Kaufes von Tuch versteckte. So heisst es ganz direkt zum Jahre 1309 cons. contraxerunt in debitis 30 pannos de Ypir pro 300 Mark minus 15 M. Der Preis eines Stück Tuches schwankt zwischen 8, 9 und 10 Mark. Der Verlust, d. i. die Zinsen

---

[1]) Henr paup. p. 114, 115, 122, 123.

[2]) Henr. paup. p. 4. Anm. 3 u. p. 85 Anm. 2. [3]) p. 7. Anm. 2.

[4]) p. 46. beträgt dieser Posten de abegane in nova civitate, obwohl mit noch anderen zusammengefasst nur 8 Mark und p. 19 de nova civitate 5 Mark 7 fert. (hier scheint zwar ein Schreibfehler in der Summe zu stecken) und p. 22 de nova civitate 5 M. Das kann doch unmöglich das ganze Münzgeld der Neustadt gewesen sein.

[5]) Lünig XIV, 241.

[6]) Unter dem Titel: ad honorem principum etc. in den Rechnungsbüchern angeführt.

dieses Geschäftes erscheinen verschieden, das eine Mal (p. 24) $13\frac{1}{6}$ pCt., ein ander Mal (p. 2: das Stück Tuch zu 9 Mark) $17\frac{22}{31}$ pCt., ein drittes Mal (p. 36 auch zu 9 Mark) sogar $28\frac{1}{13}$ Mark. Di Darlehnsgeschäfte, welche wir zuerst im Jahre 1307 erwähnt finden, bleiben dann in der ganze: ersten Hälfte des 14ten Jahrhunderts üblich [1]). Am Ende der von uns behandelten Epoch tritt dann auch zuerst die Form auf, dass die Stadt verzinsliche Schuldverschreibungen aus giebt, oder wie man es damals ausdrückte, census de camera, de praetorio, super civitatem verkauft [2]). Dies Geschäft liess sich dann auch als Spekulation behandeln, indem man Rente auf Lebenszeit verkaufte [3]).

Legalisirt wurde dieser Verkauf städtischer Renten durch ein Edict Karls IV. vom Jahr 1261 [4]), und welche Ausdehnung diese Form der Anleihen in kurzer Zeit erlangte, zeigt ein Blicl auf unsere Rechnungsbücher und speciell auf das ausführliche Rationarium von 1387, wo all jene Zinsen specifizirt erscheinen [5]). Die strenge Form der Schuldeneintreibung, das Einlager obstagium, wo der Schuldner in eine bestimmte Herberge ziehen und dort auf seine Kosten s lange bleiben musste, bis die Schuld bezahlt wäre, oder wo umgekehrt der Gläubiger den Schuldner so lange auf dem Halse blieb und von diesem verpflegt werden musste, findet sich zwei Mal gegen den Rath angewendet [6]).

Kriegswesen. Wenden wir uns zu dem Kriegs- und Vertheidigungswesen der Stadt, so dürfte die älteste Nachricht davon geben jenes erwähnte Fragment eines Erlasses oder einer Anrede des Rathes an die Bürgerschaft in der bedrängten Zeit nach dem Tode Heinrichs IV. 1290, wo die Bürger dem zum Erben designirten Herzog von Glogau ihre Thore verschlossen. Hier bereitet man sich zu einem förmlichen Strassenkampf vor, nicht nur, dass die Thore von den Bürgern Tag und Nacht bewacht werden sollen und auch zwischen den einzelnen Thoren je vier Wachen ausgestellt werden, sollen die Bürger auch in der Stadt Patrouillen- und Wachtdienste leisten; vor jedem steinernen Hause sollen 20 Bürger unter einem Hauptmann stehen, bewaffnet wie immer mit Schwertern, Sensen oder Lanzen. Die Bürger sollen ferner Fuhren stellen, um Steine herbeizubringen, welche man auf die Dächer schaffen soll, auch soll man in jedem Hause Arm-

---

[1]) Die vielen auf derartige Operationen bezüglichen Stellen p. 18, 20 etc. (siehe im Register unter panni) sind zwar nicht in allen Einzelheiten klar, doch dass wir uns im Grossen und Ganzen nicht täuschen, wenn ihr in diesen Tuchkäufen des Raths Anleihen sehen, zeigt schon die Beschaffenheit des grossen Anleihegeschäftes, welches Breslauer Bürger gegen Verpfändung der Städte Liegnitz und Hainau mit Herzog Boleslaus von Liegnitz machen, wo ausdrücklich berichtet wird, dass die Bürger einen Theil der Summe in Tuchen geliefert hätten. Chron. princ. Pol. p. 131, vergl. auch die Urkunde von 1339 bei Thebesius Liegn. Jahrb. II, 189.

[2]) Zuerst 1337 p. 63 und dann oft. [3]) Zuerst 1338 p. 64.

[4]) Lünig XIV, 245. [5]) Henr. paup. p. 140—146.

[6]) Henr. paup. p. 39 u. 58.

brüste und Bogen bereit halten. Auf die verrätherisch gesinnten Bürger soll man ein strenges Augenmerk richten und sie im Betretungsfalle hart bestrafen [1]).

Zu so schweren Kämpfen, wie sie damals gefürchtet wurden, scheint es nun nicht gekommen zu sein, und mit der schwindenden Gefahr hat natürlich auch die Strenge der Vertheidigungsmassregeln nachgelassen. Doch hatte die Bürgerschaft immer die Verpflichtung für Vertheidigung ihrer Stadt, und die Wachtdienste auf den Mauern und in den Thürmen der Thore lag ihr ob, nur die Juden kauften sich durch eine Geldzahlung davon los [2]).

Die Strafe für eine Versäumung dieser Pflicht betrug 1290, in jener Zeit der Gefahr, 1 Vierdung, später 1 Skot, stieg aber später wieder auf ½ Vierdung [3]). Natürlich musste jeder Bürger sich im Besitze von Waffen befinden. Nach den notationes civium aus der zweiten Hälfte des 14ten Jahrhunderts (Raths-Arch.) musste jeder bei seiner Aufnahme unter die Bürgerschaft eine Armbrust (ballista) vorzeigen oder eine bestimmte Summe Geldes dafür bezahlen, und dass dies schon in früherer Zeit so gehalten wurde, scheint aus der 1334 verzeichneten Einnahme de ballistis mit 30 Mark hervorzugehen, allerdings spräche das nur einmalige Vorkommen dieses Postens für die Annahme, dass in jenem Jahre eine allgemeine Revision der Waffen vorgenommen wurde, und wo dieselben fehlten, sogleich das Geld eingetrieben ward. Für gewöhnlich übernahm allerdings die Sorge für den Krieg der Herzog und wir finden daher zum Beispiel, dass die Bürger den kriegerischen Herzog Bolko, den Vormund ihres Fürsten, bei seinem Streite mit Böhmen nicht nur mit Geld unterstützen und Söldner (ballistarii) ihm nach Patschkau senden, sondern auch alle Arten von Proviant, Vieh, Mehl, Brot und Bier auf ihre Kosten zuführen [4]), ihm auch Zimmerleute und allerlei Rüstungsstücke dahin senden. Aehnliches wiederholt sich nach dem Tode Bolkos, dem späteren Vormunde, Bischof Heinrich, gegenüber: als dieser 1303 Raubschlösser auf dem Gebiete seiner Mündel niederwirft, zahlt ihm die Bürgerschaft 100 Mark und sendet ihm Proviant und Streitrosse [5]), ebenso werden in dem Kriege mit Glogau Armbrustschützen und Wächter in die Kastelle geliefert. Doch müssen zuweilen auch die Bürger mit ausgezogen sein, dafür spricht beim Jahre 1312 der Ausdruck der Rechnungsbücher: als wir vor Schloss Friedeberg lagen, auch giebt 1318 die Stadt die Summe von 64 Mark aus, um ihre jungen Bürger beritten zu machen und 1316 wird eine Geldstrafe eingezogen von den Handwerkern, welche nicht mit ausgezogen waren, um den Bau eines Raub-

[1]) Henr. paup. pag. 150. Leider ist die Handschrift ungemein corrumpirt.
[2]) Rechtsmittheilung an Glogau. Tzsch. u. St. p. 497.
[3]) Henr. paup. p. 150 u. 151. [4]) Henr. paup. p. 8—8.
[5]) p. 11. [6]) p. 13.

schlosses zu verhindern. Doch wird daneben unter der Regierung Heinrichs VI. vielfach der Söldner gedacht, welche die Stadt hielt. Ueberhaupt scheint dieser nur zu friedliebende Herzog, wie sich schon aus seiner Hülflosigkeit seinem Bruder Boleslaus gegenüber zeigt, sich um die Sicherheit seines Landes wenig bekümmert zu haben; zwar liefert ihm die Stadt 1333 nach dem Schlosse Bunzlau 11 Jagdarmbrüste und 2 Windarmbrüste, auch 14 Schock Pfeile[1]); sonst wird aber von einer kriegerischen Thätigkeit desselben Nichts berichtet, vielmehr wird z. B. zum Jahre 1316 erwähnt, die Stadt habe dem Landvogt Johannes für die Vertheidigung des Landes 223 Mark gezahlt. In den Jahren 1321—26 liegt das Kriegswesen in den Händen eines Hauptmannes, wohl eines Condottiere, welcher für eine bestimmte Summe Geldes 100—200 Mrk., die Anwerbung von Mannschaften übernimmt, wobei noch die Stadt die Pferde geliefert oder wenigstens ersetzt zu haben scheint[2]). Dies war nun aber in der schlimmen Zeit der Bedrängniss, die ja auch Heinrich IV. in die Arme des Böhmischen Königs trieb; seitdem dann König Johann's Arm die Stadt schützt, verschwindet der capitaneus wieder aus den Rechnungen, doch finden sich alljährlich noch Söldner zu Fuss und zu Ross (famuli equitantes) angeworben. 1307 hat die Stadt eine Kriegsmaschine für 15 Mark weniger 2 Skot erworben.

Beziehungen zur Geistlichkeit.

Wenn wir nun noch der Beziehungen der Stadt zu der Geistlichkeit gedenken wollen, so müssen wir sagen, dass der Bischof und das Domkapitel auf der Dominsel einen ganz abgesonderten, mit der Stadt in gar keiner Beziehung stehenden Bezirk innehatten. Wenn wir die Zeit, wo Bischof Heinrich Vormund der Söhne Heinrichs V. war, ausnehmen, mischt sich der Bischof nicht im Entferntesten in die Angelegenheiten der Stadt, während diese die Freiheit der Klöster respectirte, auch den Breslauer Pfarrern Freiheit von den Kommunalsteuern zugestand[3]) und den Bischof auf dem Gebiet, welches seine geistliche Würde ihm zuwies, unbehindert walten liess. Gerade über diese Verhältnisse sind wir durch das oben S. 85 erwähnte Formelbuch Arnolds von Proczan näher unterrichtet, und aus dem Reichthum der dort verzeichneten Fälle Einiges mitzutheilen, nehme ich um so weniger Anstand, als diese Fälle zugleich ein hohes culturhistorisches Interesse darbieten[4]). So sehen wir z. B. den Bischof und das geistliche Gericht sehr thätig in Ehesachen, wo es sich denn darum handelt, Ehen zu scheiden, z. B. wegen zu naher Verwandtschaft (auch das Verhältniss der Pathenschaft giebt

---

[1]) p. 96.

[2]) p. 52: damnum equorum capitanei et aliorum famulorum 38 M.

[3]) Rechtsmittheilungen von Glogau. Tzsch. u. St. p. 497, § 6.

[4]) Freilich fehlen, wie dies in dem Wesen eines solchen Formelbuches begründet ist, alle Zeitbestimmungen, und die Namen sind meistens gar nicht oder nur durch Anfangsbuchstaben bezeichnet.

ein Ehehinderniss ab[1]), andererseits Ehemänner, die ihre Gattinnen verlassen, zur Erfüllung ihrer Pflicht zurückzuführen oder auch die Erfüllung eines gegebenen Eheversprechens zu erzwingen. Zwei Fälle erscheinen besonders charakteristisch. Dirsko de.... hat eine gewisse Gerusa entführt und sich mit ihr vermählt; die Gültigkeit der Ehe wird angefochten, weil dieselbe schon früher einem Anderen verlobt gewesen sei, doch nachdem sich herausgestellt, dass diese Verlobung erfolgt war, ehe Gerusa das zehnte Jahr erreicht, entscheidet der Bischof, dass die Ehe mit Dirsko gültig sein soll[2]). Eine Ehefrau wünscht von ihrem Manne wegen Impotenz geschieden zu werden. Der Bischof entscheidet: sie sollen ihre Sünden beichten und sich fleissig Mühe geben, hilft dies Nichts, so sollen sie es „septima propinquorum manu" beschwören und dann geschieden werden[3]).

Bei Conflicten mit der trotzigen und selbstbewusten Bürgerschaft erscheint der Bischof in übler Lage. Die einzige Waffe, welche der Letztere in seiner Hand hatte, war der Bann, und diese verlor, zu oft angewendet, viel von ihrer Bedeutung, selbst an Uebelthätern aus dem geistlichen Stande verfehlt sie, wie häufig geklagt wird, ihre Wirkung, und die weltliche Obrigkeit d. h. der Rath in Breslau war wenig bereit, der Geistlichkeit seinen Arm zu leihen. Auf das Ansinnen, die Gebannten aus der Stadt zu weisen, ging er nicht ein, so dass der Bischof genöthigt war, über die ganze Stadt das Interdikt zu verhängen, bis eine Genugthuung erfolgte, worauf dann die Kirche neu geweiht und gesühnt wurde. Aber es hielt schwer die Bürgerschaft zur Unterwerfung zu bringen, der Rath fand für Geld schon Priester, die trotzdem Gottesdienst hielten[4]) (namentlich die Minoriten thuen dies häufig) und spottete des Bannstrahles. Fast bittend wendet sich deshalb das eine Mal (nach dem Tode Bischof Heinrich's) das Domkapitel an den Rath, erklärend, man suspendire jetzt wegen der Fastenzeit das Interdikt, der Rath möge doch die Gebannten entfernen, dann solle das Interdikt sofort aufgehoben werden[5]). Ein anderes Mal schreiben der Propst Heinrich und der Dekan Johannes an den Cardinallegaten Gentilis wegen eines solchen Conflictes, wo sie genöthigt waren, das Interdikt über Breslau auszusprechen. Sie bitten dringend, man möge sie künftig mit dergleichen Aufträgen verschonen, die ihnen nur Hass und Gefahr brächten, der Propst Heinrich könne sich jetzt schon nicht mehr ohne Lebensgefahr in Breslau sehen lassen[6]), wie denn auch 1327 König Johann der Breslauer Geistlichkeit befiehlt, sie sollten ohne gerechte Ursache nicht den Gottesdienst suspendiren, noch wegen irgend einer Rechtssache die Bres-

---

[1]) 1, 22, 23.

[2]) 1, 13—16. Diese Gerusa war übrigens schon, ehe sie sieben Jahr alt war, einem Anderen verlobt, der aber bald starb.

[3]) 1, 20. [4]) Henr. paup. p. 63. [5]) Formelbuch 3, 35. [6]) 3, 7.

lauer Vasallen und Bürger vor das geistliche Gericht ziehen, bevor die Sache vor dem zuständigen weltlichen Gerichte verhandelt worden wäre[1]). Einmal sehen wir die Geistlichkeit zu einem Mittel greifen, welches eine grössere Wirksamkeit verspricht. Eine Wittwe mit ihren Söhnen hat ein den Breslauer Vikaren legirtes Dorf occupirt, die Uebelthäter machen sich gar Nichts aus Bann und Interdikt, da droht ihnen das Kapitel, da sie sich durch diese Verachtung des kirchlichen Schlüsselamtes der Ketzerei schuldig gemacht, sollte die weltliche Obrigkeit angehalten werden, ihre Güter als Ketzergüter zu confisciren[2]).

Von Inquisitionen gegen Ketzer, über deren Ueberhandnehmen in jener Zeit sehr geklagt wird, ist mehrfach die Rede. Breslauer Domherren sollen mit Zuziehung von Religiosen und Notaren solche Untersuchungen führen und Ueberwiesene der weltlichen Gewalt übergeben[3]). Wie wenig aber solche Inquisitionen populär waren, zeigt sich schon darin, dass es der Androhung des Bannes bedarf, um die Einzelnen zur Theilnahme an einer solchen Untersuchungskommission zu bewegen, sowie auch in den wiederholten Klagen über Beschützung der Ketzer. So wird der Diener eines der angesehensten Patrizier, des Mathias v. Mühlheim Dycussius gebannt, weil er die Ketzer beschützt, Geistliche geschimpft und mit dem Tode bedroht hat. Der Bischof droht, er werde ihn auch wegen Simonie, Todschlag, Meineid und Wucher zur Verantwortung ziehen[4]). Ja es hat sogar ein Vikar der Domkirche, namens Helvegil, von der Kanzel der Elisabetkirche herab die Ketzer vertheidigt und dabei Blasphemien und Unanständigkeiten vorgebracht, wird deshalb auch abgesetzt und aus dem Sprengel verbannt, bei Strafe ewigen Gefängnisses[5]).

Ferner hat der Bischof auch über Entheiligung der Sonn- und Feiertage zu klagen, an denen Viele die Märkte bezögen und ihren täglichen Arbeiten nachgingen, was bei Strafe des Bannes untersagt wird[6]). In Zeiten allgemeinen Nothstandes ordnet der Bischof Processionen und Fasten an[7]). Einst wird zur Abwendung des hartnäckigen Regens in der Erntezeit eine grosse Procession angeordnet, welche vom Dome nach der Nikolaikirche gehen soll. Zugleich aber instruirt das Domkapitel die Breslauer Pfarrer, von der Kanzel herab eindringlich darauf aufmerksam zu machen, dass derartige Calamitäten, wie die jetzt vorhandene, gemeiniglich eine Folge der Saumseligkeit in der Entrichtung des Zehnten seien[8]). In einem andern Erlasse eifert der Bischof auch gegen die Verehrung eines Brunnens, dem das Volk Wunderkraft zuschreibt. Selbst wenn neue Reliquien dort gefunden wären, dürften sie doch nicht ohne Billigung des heiligen Stuhles verehrt werden. Widerspenstige sollen dem Bischof zur Bestrafung als Götzendiener und Ketzer denunzirt werden[9]).

---

[1]) 1, 109. [2]) Klose II, 101. Copb. f. 6. [3]) 1, 70, 71. [4]) 1, 89.
[5]) 1, 64. [6]) 1, 82. [7]) 1, 81. [8]) 1, 103. [9]) 1, 100.

Nach Rom wurde in dieser Zeit der Peterspfennig gezahlt, da die päpstliche Kurie dabei blieb, Schlesien zu Polen zu rechnen, ohne sich durch die, wie wir oben S. 51 sahen, unter Rudolf von Habsburg erfolgte Einverleibung Schlesiens in das deutsche Reich stören zu lassen[1]). Auch scheinen sich die Piasten auf diese Thatsachen nicht berufen zu haben, wie aus den hierüber besonders in den zwanziger Jahren des 14ten Jahrhunderts gepflogenen Verhandlungen, die uns auch jenes Formelbuch aufbewahrt hat, hervorgeht; die Schlesier protestiren jedoch gegen eine kopfweise Erhebung des Peterspfennigs, und es hat schon Mühe genug gekostet, sie zur Zahlung eines jährlichen Pauschquantums zu bewegen. Das Breslauer Kapitel schreibt deshalb an den Erzbischof von Gnesen, der hier die Kurie vertrat, und gewöhnt, den schlesischen Fürsten und den Breslauern gegenüber sehr vorsichtig zu verfahren, bittet es dringend, sich mit dem Gewährten zu begnügen, um nicht Alles aufs Spiel zu setzen[2]). Später ist ein päpstlicher Nuntius Andreas de Verulis hierher gekommen in Begleitung eines Magister P...., und dieser ist zur Einsammlung des Peterspfennigs hier zurückgeblieben, während der Nuntius weiter gereist ist. In Betreff dessen richtet nun das Breslauer Domkapitel ein Schreiben an den Nuntius, dessen Inhalt ich als besonders charakteristisch hier mittheilen will. Jener Magister P. hat den Johannes Vinerii, einen Kanonikus des Kreuzstiftes, der die mächtigsten Verwandten hier hat[3]), mit der Faust ins Gesicht geschlagen, wie durch notarielle Instruktion feststeht. Zur Entschuldigung hat er behauptet, Johannes habe ihm das päpstliche Geld mit Gewalt rauben wollen. Darüber sind dieser und seine Freunde noch mehr erbittert und reizen den Herzog und die Rathmannen, und der Herzog hat schon mehrmals vom Kapitel verlangt, dass der Bann gegen P. ausgesprochen werde. Mit Mühe hätten sie die Sache hingezogen, P. habe aber Alle durch seine Grobheit so erbittert, dass er im Breslauer Gebiet nicht sicher sei. Der Nuntius möge doch nach Breslau zurückkehren und den P. nach Krakau[4]) schicken oder wohin er sonst wolle. Peterspfennig.

Am Anfange des 14ten Jahrhunderts sehen wir, dass Breslau von den übrigen Städten den Peterspfennig in bestimmten Summen einzieht und dann nach Rom abführt[5]). Wie es den Anschein hat, ist Breslau dabei nicht zu kurz gekommen, nicht nur, dass seine Steuerquote 1 Mark Goldes im Verhältniss zu der der übrigen Städte auffallend niedrig erscheint[6]),

---

[1]) Wie schon erwähnt, wurde im deutschen Reiche der Peterspfennig nicht gezahlt, wohl aber in Polen.

[2]) Formelbuch 3, 15.

[3]) Die Familie der Winer ist eines der ältesten patrizischen Geschlechter.

[4]) Formelbuch 3, 55. [5]) Henr. paup. p. 89—92.

[6]) Wenn wir auch annehmen, wie in der Anmerkung 9 zu p. 89 ausgeführt ist, dass bei mehreren der angeführten Orte noch Nachbarstädte mit contribuirt haben, oder dass dort grössere Weichbilder existirt haben, so können doch jene Ausnahmen nicht von allen Städten gelten, und es bleibt deshalb die Niedrigkeit des Breslauer Beitrags unerklärt.

es ist auch die Liquidation der Breslauer für die Unkosten bei Uebersendung des Peterpfennigs nach Rom so enorm hoch, dass sie z. B. 1329 von 118 Mark, die sie nach Rom abzuführen haben, nur 16 Mark entrichten, das Uebrige rechnen sie auf die Unkosten der Gesandtschaft, Diäten, Lohn für die Dienerschaft, Anschaffung und Erhaltung der Pferde, sogar die Sättel sind nicht vergessen, so dass auf solche Weise der geistliche Schatz durch die Steuer der schlesischen Städte nicht wesentlich bereichert worden ist, wenn wir gleich gern glauben wollen, dass solche kostspielige Gesandtschaften nicht alle Jahre abgeschickt worden sind.

Handel. Was ferner den Handel und die Industrie Breslaus betrifft, so gestehe ich, dass ich nur mit Zagen daran gehe, über dieses Thema zu sprechen, denn um hier Erschöpfendes zu leisten würde es nöthig sein, sich in der Geschichte der deutschen und slavischen Nachbarländer gehörig umzusehen, um zu entdecken, ob sich nicht noch Handelsbeziehungen derselben zu Breslau auffinden lassen, Studien, die ich mir vorläufig versagen muss. Ich werde mich daher mit den Notizen begnügen, welche mir unsere schlesische Geschichte darbietet, wie fragmentarisch auch die daraus zu gewinnenden Resultate sein müssen[1]). Breslau verdankt seine erlangte Bedeutung offenbar zu nicht geringem Theile seiner günstigen Lage an dem breiten Oderstrome und zwar an einer Stelle, wo mehrere Inseln den Uebergang über denselben wesentlich erleichtern. Bei der Langsamkeit und Schwerfälligkeit, mit welcher in alter Zeit der Uebergang eines Waarentransports über einen breiten, oft austretenden Strom erfolgte, musste an dem Uebergangspunkte selbst das Bedürfniss Baulichkeiten zur Aufnahme der wartenden Kaufleute und ihrer Waaren hervorrufen und allerlei Handwerker herbeilocken. Wo ein solcher Uebergang zugleich den Verkehr zwischen Ländern verschiedenen Charakters, Sprache und Kultur vermittelte, siedelten sich an ihm am Leichtesten Kaufleute an, welche dann denen, die die Gefahren und die Umstände des Stromüberganges und die Unbekanntschaft mit dem fremden fernen Lande scheuten, sich zur Abnahme und Weiterexpedition der Waaren anboten. So ist es auch ohne Zweifel hier in Breslau der Fall gewesen, und in kurzer Zeit ward so diese Stadt der Mittelpunkt eines ausgedehnten Handelssystems, welches die slavischen Lande jenseits der Oder mit Deutschland verknüpfte; an der Oder war es augenscheinlich neben Frankfurt und Stettin der bedeutendste Handelsplatz. Die hier angesiedelten Kaufleute waren nun, wie wir es ja im ganzen slavischen Osten finden, Deutsche und es ist daher kaum ein Zweifel darüber möglich, dass auch schon lange vor Einführung des deutschen Rechtes hier in Breslau von Deutschen Handel getrieben worden ist. Nu

[1]) Auch Stenzel klagt (schles. Gesch. S. 320) darüber, dass sich über die auswärtigen Handelsbeziehungen Schlesiens so wenig Zuverlässiges habe ermitteln lassen.

wird uns berichtet, dass für die wendischen Lande Magdeburg seit den Zeiten Karls des Grossen ein ausschliessliches Monopol besass[1]), und auf eine alte Handelsverbindung mit Magdeburg weist uns auch der Umstand hin, dass Breslau sein Stadtrecht ebendaher entlehnt. Dass die Märkte von Breslau schon sehr früh von Fremden besucht worden sind, sehen wir aus der Geschichte der Kaufleute aus Eisenach, deren Beraubung bei ihrer Rückkehr vom Breslauer Markte[2]) im Jahre 1225 einen Feldzug Landgraf Ludwigs IV. veranlasste[3]). Von dem alten Kaufhause, welches vor der Bewidmung mit deutschem Recht den Mittelpunkt der deutschen Kaufmannschaft bildete, haben wir schon oben S. 6 gesprochen.

Zölle.

Aber es galt vor Allem die schweren Fesseln abzustreifen, welche noch den Handel in Gestalt der mannichfachen Zölle bedrückten[4]), die von den Herzögen rings um Breslau auf den Dörfern von den Kaufleuten erhoben wurden, und so wie die Stadt durch die Verleihung des Magdeburger Stadtrechts sich fester constituirt hatte, sehen wir diese lästigen Schranken mit einem Male fallen, indem im Jahre 1266 die Stadt alle diese Zölle für eine Summe Geldes ablöst und zugleich auch den Marktzoll in Breslau selbst an sich bringt[5]).

Natürlich nahm der Handel nach der Neugründung der Stadt auf der Basis des deutschen Rechtes einen neuen und lebhafteren Aufschwung. Im Jahre 1247 reiste der Minorit Johannes de Plano Carpini mit Breslauer Kaufleuten nach Kiew, wohin auch Kaufleute aus Polen, Oestreich und Konstantinopel kamen[6]). Der Haupt-Handelsartikel der Breslauer war nun schon in ältester Zeit das Tuch[7]) und über diesen finden wir auch schon sehr früh eine Festsetzung in der im Henr. paup. p. 95 abgedruckten Urkunde (ohne Jahr und Datum), welche ich als ihrem Inhalt nach unvereinbar mit dem 1274 ertheilten Rechte der Niederlage vor dieses Jahr setzen zu müssen glaube[8]). In dieser Urkunde wird der Zins festgesetzt, den

---

[1]) Klöden, Beiträge zur Gesch. des Oderhandels, Programm der Berliner Gewerbeschule 1845 Ites Stück S. 13.

[2]) Die Breslauer hatten bis 1337 nur einen Jahrmarkt zu Johanni an dem Kirchweihfeste der Kathedrale, welcher letztere uralt ist. Vergl. Klose II, 64.

[3]) Klöden S. 17.

[4]) Wer sich von den Missbräuchen, die im Mittelalter mit den Zöllen getrieben wurden, ein lebhaftes Bild verschaffen will, lese Klödens treffliche Abhandlung über die Stellung des Kaufmanns im M. A. Programm der Berliner Gewerbeschule 1842 Stück 2 S. 44 ff.

[5]) Vergl. o. S. 15.

[6]) Bericht des Johannes de Plano Carpini in der Ausgabe von d'Avezac, im Receuil de la Soc. de Géogr. IV p. 771.

[7]) Nach der Urkunde von 1283 bei Lünig XIV, 234 scheint es sogar, als ob mercator eben vorzugsweise den Tuchkaufmann bezeichnen sollte, im Gegensatze zu institor, dem Spezereihändler.

[8]) In Uebereinstimmung mit Stenzel schles. Gesch. S. 242. Doch will ich nicht verschweigen, dass Stenzel im Widerspruch mit jener Stelle S. 315 dieselbe Urkunde als aus der Zeit Heinrich's VI. stammend citirt.

der herzogliche Kammerwächter von den importirten Tuchen in den Breslauer Tuchkammern zu erheben hat. Hier werden als die besseren Tuche die rheinischen genannt (eigentlich wohl flandrische oder niederländische[1]), welche auch einen etwas höheren Zins gaben, nämlich 6 Stück 1½ Skot (100 Stück 1 Mark), während die Tuche von Grimma, Zerbst, Burg, Görlitz und ähnliche nur 1 Skot zinsen. Doch gilt diese Bestimmung nur für die zehn Wochen vor dem Jahrmarkt zu Johanni[2]) oder eben so lange vor Weihnachten[3]) eingeführten Tuche, zu anderer Zeit wurde allgemein nur von 9 Stück Tuchen 1 Skot gezahlt. Durchfuhr und Umladung der Tücher war frei, musste aber dem Kammerrichter angezeigt werden. In derselben Urkunde wird auch die Einfuhrsteuer für den Wein festgesetzt, und wir staunen über die grosse Ausbildung, welche dieser Handelszweig damals schon hatte. Ein grosses Wiener Fass ungarischer und österreichischer Wein zahlt 2 Mrk., ein kleines 1 Mrk., eine grosse Tonne Würzburger 1¼ Mrk., Französischer Wein und Reinfall[4]) ½ Mrk., Polnischer Wein 1 Vierdung[5]). Auffallend ist die Verschiedenheit dieser Steuersätze, nach welchen also der ungarische und österreichische Wein noch einmal so viel zahlt, als z. B. der französische und italienische, während man sonst doch meinen sollte, der am Weitesten herkommende hätte als der Kostbarste (der Transport war doch damals das Theuerste) den höchsten Steuersatz vertragen.

Niederlage. Im Jahre 1274[6]) erhalten die Breslauer das wichtige Recht der Niederlage, welches darin bestand, dass alle Kaufmannsgüter[7]), welche hierher gebracht wurden, hier erst eine Zeit lang

---

[1]) Für die direkte Handelsverbindung mit Flandern spricht auch die Notiz beim Jahre 1326: pro auro pagato in Flandria 548½ M. Henr. paup. p. 32.

[2]) Der in der Urkunde als Anfangstermin angeführte Vincenztag wird sehr verschieden gefeiert, wenn man aber ebensoviel Zeit, wie zwischen Martini und der Octave Epiphanias liegt, von Johanni zurückrechnet, kommt man auf den 20. April als den Tag Vincentii (doctoris), welcher auch in den Baurechnungen des Adalbertsstifts als Vincenztag angegeben wird. Register zum Calendarium Zeitschr. des schles. Vereins Bd. II, S. 317.

[3]) Man braucht bei diesem letzteren Termine nicht einen besonderen Markt anzunehmen, sondern nur, wie es ja noch heut zu Tage ist, die Weihnachtszeit als eine Zeit lebhafteren Handelsverkehrs sich vorzustellen.

[4]) Vinum rivale, nach Stenzel (schles. Gesch. S. 316) Wein aus Rivallo bei Prosecka westl. v. Triest, nach Jak. Grimm (Vorrede zum altprager Stadtrecht ed. Rösler p. VI) Wein aus Rivoli im Veronesischen.

[5]) Aehnliche Bestimmungen enthält das Prager Stadtrecht p. 1. Reinfall und Botzener Wein zahlen 1 Schock prag. Groschen, Oestr. Wein ½ Schock, Landwein 1 Vierdung. Der poln. Wein darf uns nicht in Erstaunen setzen, bei der geringen Ausbildung der Kommunikationsmittel war der importirte Wein so theuer, dass nur die sehr Reichen ihn trinken konnten, der Aermere begnügte sich mit Landwein, der überall gebaut wurde; in Schlesien giebt es jetzt noch eine ganze Anzahl Berge, die den Namen Weinberg führen, obwohl seit Menschengedenken kein Wein mehr dort gebaut worden ist.

[6]) Klose I, 526. Sommersberg I, 323. Coph. f. 134. Die Worte der Urkunde lassen übrigens auch die Deutung zu, dass wir hier nur eine Bestätigung eines schon aus früherer Zeit datirenden Rechtes vor uns haben.

[7]) Nicht überall erstreckte sich das Niederlagsrecht auf alle Waaren, doch hier spricht die Urkunde ausdrücklich von einer „depositio cujuslibet mercature generis."

zum Verkauf ausgestellt werden mussten. Diese Maassregel hatte den Zweck, der Stadt einen selbstständigen Handelsbetrieb zu sichern, indem man denselben für einen gewissen Bezirk geradezu monopolisirte. Es wird Niemand leugnen, dass diese Bestimmung von einem rationellen Gesichtspunkte aus betrachtet, als lähmend für den Handel angesehen werden muss, doch darf man nicht ihre Bedeutung überschätzen und etwa meinen, als sei durch sie ein besonderer Umschwung in den commerziellen Verhältnissen eingetreten, und ein lebhafter Durchgangshandel aus engherziger Parteinahme für die Breslauer Kaufleute vernichtet worden. So gewaltsame Maassregeln hätten sich selbst bestraft, auch lag es in den Verkehrsverhältnissen des Mittelalters, wo manche Gegenden so ungemein schwierig und gefährlich waren, dass man gern die Vermittelung anderer Kaufleute annahm und diese das grosse Risiko theilen liess, und freilich auch den Gewinn. Sicher haben die deutschen Kaufleute des Westens, seit ihnen in Breslau handeltreibende Landsleute wohnten, auch vor 1274 nicht directen Handel nach dem slavischen Osten getrieben, und noch weniger ist es denkbar, dass die Slaven ihre Waaren weiter als zur Oder zu bringen, Lust gehabt hätten, Das Niederlagsprivileg hat demnach in keinem Falle wesentlich neue Handelsverhältnisse geschaffen, sondern nur die bestehenden legalisirt und für immer vor fremder Concurrenz beschützt, und wir können von ihm nicht eine Epoche des Breslauer Handels datiren, sondern in ihm nur ein deutliches Zeugniss für die schon vorhandene Bedeutsamkeit Breslau's als Mittelpunkt eines grossen handelspolitischen Kreises erblicken [1]). Mit dem Niederlagsrecht nothwendig verbunden war die Fixirung der Strassen, welche dem Kaufmann bei strenger Strafe von einem Orte zum andern vorgeschrieben waren, eben um zu verhindern, dass Jemand sich der Niederlagsverpflichtung entziehe, und nicht weniger um der Zölle willen.

Das nächste, den Handel betreffende Dokument finden wir in einem von Herzog Heinrich Zollfreiheiten.
von Liegnitz 1283 bestättigten Vertrage zwischen den Städten Breslau und Neumarkt des Inhalts, dass fortan die Neumarkter Bürger auf den Märkten zu Breslau wie zu Neisse und anderwärts von 10 Stück Neumarkter Tuch nicht mehr als 1 Skot, wie dies von Alters her üblich, bezahlen sollten (während doch, wie wir oben S. 98 sahen, von den niederländischen Tuchen 4, von den sächsischen 6 Stück zur Marktzeit 1 Skot entrichten mussten), ebenso soll in Bezug auf Salz und andere Waaren nicht mehr als der von Alters her übliche Zoll gezahlt werden, auch sollten die Neumarkter Bürger Waaren, die sie für das gelöste Geld einkaufen würden (da diese ja schon verzollt wären), zollfrei ausführen dürfen. Die Breslauer

[1]) Neisse scheint den Versuch gemacht zu haben, hier mit Breslau zu rivalisiren, wenigstens wird in der Urkunde ausdrücklich erwähnt, dass Neisse keinen Anspruch auf die Niederlage haben solle.

Tuchkaufleute sollten in Neumarkt auf den Märkten ganz zollfrei sein, nur dass sie das übliche Standgeld zahlen, mögen sie nun als Engrossisten in den Kammern feilhaben, oder in den Bauden das Tuch nach der Elle verkaufen. Die Spezereihändler institores entrichten dasselbe in natura, und zwar in Pfeffer[1]). Ausserdem zahlt jeder beim Austritt aus der Stadt am Thore pro Pferd einen Heller[2]). Um auch in weiteren Kreisen Zollfreiheit zu erlangen, waren jedesmal bestimmte Verträge nothwendig, welche natürlich immer die Zahlung einer Summe Geldes zur Voraussetzung hatten. So finden wir, dass die Consuln im Jahre 1301 einen Zoll für 100 Mk. kaufen, ohne dass uns jedoch über dessen Beschaffenheit etwas Näheres angegeben wird[3]). Eine grossartige Thätigkeit entwickeln die Consuln nach dieser Seite hin in den Jahren 1309 und 10. Da erkaufen sie von den herzoglichen Brüdern für 200 Mk. den Fusszoll[4]) bei der Weide, den in der Stadt Lissa, den bei Golau und der Stadt Ohlau[5]). Auch Diejenigen, welche Karren führen, sollen diese Zollfreiheit geniessen, ausser wenn die Waaren darauf den Werth von 10 Mark übersteigen, in welchem Falle der bisher übliche Zoll auch ferner entrichtet werden soll[6]). Ferner verkaufen 1310 die Herzoge von Fürstenberg den Fusszoll in Kunzendorf, Wartha, bei Löwenberg und Bunzlau für 150 Mk. an die Breslauer mit derselben Beschränkung[7]). Zur Ablösung der Fusszölle in Schweidnitz, Reichenbach, Frankenstein, Wartha (gegen Glatz hin), Strehlen, Wansen und Kanth für 200 Mark[8]) vereinigen sich die Breslauer und Schweidnitzer, und endlich kaufen die Ersteren noch in demselben Jahre alle Fusszölle im Fürstenthum Oppeln den dortigen Herzögen ab[9]). Es sind, wie wir sehen, nicht geringe pekuniäre Opfer, welche hier die Breslauer ihrem Handel bringen[10]), und die Möglichkeit, auf einmal so massenhafte Ablösungen vorzunehmen, spricht deutlich für den steigenden Wohlstand. Es war immer schon von grosser Wichtigkeit, dass man auf diese Weise in Schlesien wenigstens dem Breslauer Handel freie Bahn zu brechen vermochte. In derselben Weise auch über die Grenzen Schlesiens hinaus fortzuschreiten und sich auch da Handelsbegünstigungen und Zollermässigungen zu sichern, erreichten die Breslauer

[1]) Siehe unten S. 105. [2]) Lünig XIV, 234. [3]) Henr. paup. p. 7.

[4]) Fusszoll, pedagium sive theloneum, quod pedites dare solebant. Sommersberg 1, 335.

[5]) Es sieht aus, als gehörten diese Zölle zum grössten Theil schon unter die 1266 abgelösten (siehe o. S. 15), und wirklich war es in jener Zeit gar nicht selten, dass solche Zölle dann widerrechtlich wieder eingeführt wurden, (auch kann der Zoll zuerst für Breslauer Waaren abgelöst, dann für alle fremden Waaren erkauft worden sein). Ich bemerke noch, dass schon im Jahre 1299 ein der Stadt gehörender Zoll in Lissa erwähnt wird. Henr. paup. p. 1.

[6]) Klose I, 601. Copb. f. 140. [7]) Klose I, 601. Copb. f. 142.

[8]) Klose I, 602. Copb. f. 141. [9]) Klose I, 602. Copb. f. 143.

[10]) Es ist nicht möglich, diese Summen in dem urkundlich angegebenen Betrage in unseren Rechnungsbüchern wiederzufinden. Zwar wird zum Jahre 1310 (p. 29) eine Ausgabe pro telonio erwähnt, doch mit anderen zu einer Summe zusammengefasst.

erst in der folgenden Epoche unter den Luxemburgern. Den Anfang dazu machten sie schon 1327, wo sie bei Gelegenheit der Huldigung Heinrichs VI., von König Johann Zollfreiheit für sich in ganz Böhmen gewährt [1]) erhielten, wie auch damals der Zoll in allen Orten an der Weida, der als Fusszoll schon früher abgelöst war, nun auch für Wagen abgeschafft ward [2]). Als die Bürger später 1331 beim König sich über die Härte des Zolls zu Königsbrück beschwerten, bestimmt dieser, dass derselbe nur in einer Höhe von 1 Prager Groschen für jedes Pferd erhoben werden sollte [3]). Auch erlaubte er in demselben Jahre den Breslauern von jedem Wagen, der nach Breslau käme, 1 Pf. zur Ausbesserung und Pflasterung der Strassen zu erheben [4]). Ueberhaupt sehen wir die Stadt bedeutende Summen aus dem Zolle erheben, ohne dass wir über dessen Beschaffenheit näher unterrichtet wären. 1309 sind verzeichnet unter den Einnahmen de telonio nostro 41 m., 1326 40 m. 3 scot, 1327 117 m. Diese gestiegene Einnahme scheint von dem Ankaufe eines neuen Zolls im Vorjahre, für den 120 Mk. ausgegeben worden, herzukommen. Weiterhin sind diese Einnahmen nicht mehr specifizirt. Zu solchen vom Handel erhobenen Abgaben gehört auch die Einnahme von der städtischen Waage, die wir in den Rechnungsbüchern zuerst 1331 aufgeführt finden, ohne dass uns eine frühere urkundliche Erwähnung bekannt wäre.

Eine wichtige Urkunde über den Breslauer Handel findet sich dann noch aus dem Jahre 1327 in einem Weisthume des Breslauer Rathes [5]). Dasselbe betrifft speciell den Verkauf von Kram- oder, wie wir heute sagen würden, Spezereiwaaren, und ist natürlich wieder ganz in jenem monopolisirenden Geiste abgefasst, der der damaligen Zeit eigen war. Von diesem Standpunkte aus suchte man die Breslauer Krämer gegen die auswärtigen Gäste (hospites) zu begünstigen. Es wurde daher den fremden Kaufleuten jeder Verkauf im Detail untersagt, so soll z. B. Seife, Alaun, Kümmel und Süssholz nur sackweise, Oel im Fasse, Reis oder Mandeln centnerweise, Schnittwaaren nur im Werthe von 2 Mark verkauft werden, und eine Umgehung dieses Gebotes dadurch, dass der fremde Kaufmann einen Breslauer in seinem Namen verkaufen lässt, ist bei 2 Mk. Strafe verboten. Nur was ein Bürger zu seiner Kost oder Kleidung braucht, darf er auch von Fremden in jeder Quantität kaufen. Der Auswärtige soll ausser beim Jahrmarkt nur in seiner Herberge Handel treiben. Die Verkaufsstellen dürfen nicht auf beiden Seiten Verkaufsläden haben, was natürlich nur bei den äussersten Reihen

---

[1]) Klose II, 101. Copb. f. 6.

[2]) Klose II, 102. Copb. f. 146. Dies wird auch noch in einer besonderen Urkunde Heinrichs VI. bestättigt. Klose I. 630. Copb. f. 147.

[3]) Klose II, 108. Copb. f. 148.

[4]) Klose II, 107. Copb. f. 81.

[5]) Henr. paup. p. 96.

möglich wäre, welche nicht mit dem Rücken wieder an andere Baulichkeiten anstossen[1]). Die Bauden selbst sollen massiv erbaut und gedeckt werden. Das Antheilsrecht an einem Krame soll höchstens unter Zweie getheilt werden dürfen. Die armen Krämer sollen drei Tage auf dem Alt-, drei Tage auf dem Neumarkte stehen und Sonntags vor den Kirchen. Im Uebrigen behält sich der Rath eine Aenderung dieser Bestimmungen vor, so oft ihm eine solche nothwendig scheint.

Aus demselben Jahre haben wir dann auch noch ein Zollmandat des Herzogs Heinrich VI. Ich theile dasselbe hier in der übersichtlicheren Form einer Tabelle mit; ich habe dabei die Tarifsätze auf eine Münzeinheit, den Skot, reduzirt, auch, soweit dies ohne Störung der gegebenen Reihenfolge anging, das Gleichartige in bestimmte Rubriken zusammengefasst. Die Urkunde selbst findet sich in Beilage 2 vollständig abgedruckt.

Waaren.	Einfuhr durch fremde Kaufleute. Zoll von dem Gute.	Skot[2]).	Wagezoll pro 1 Pferd. Skot.	Ausfuhr. Zoll von dem Gute.	Skot.	Wagezoll pro 1 Pferd. Skot.
A. Zeuge.						
1. Schöngewand[3])	1 Stück Tuch	1/2	1½	1 Stück Tuch	1/4	1½
2. Poperisch[4]), geistlich Gewand, Borel[5]), und alle dünnen Tuche mit Ausnahme der Yrischen (d. h. Yprischen, von Ypern) . .	—	1/4				
3. Gewand von Görlitz[6]), Stein, Kalisch, Brünn, Sagitz	—	1/6	3/4			
4. Landgewand	—	1/8		—	1/8	1/2
(Landgewand für einen Breslauer Bürger eingeführt.)	—	—	3/4			
5. Leinwand	1 Hundert	1/4	—	—	1/4	

[1]) Die crome, di hindin us gen, di sullin abe gen an ledin. Stenzel, schles. Gesch. S. 312 erklärt die Stelle so an Jahrmärkten sollen in den Kramen die Hinterthüren zugemacht werden; doch von den Jahrmärkten steht an jene Stelle Nichts, und ausserdem vermag ich mir auch nicht viel dabei zu denken, dass die Hinterthüren zugemacht werde sollen.

[2]) 1 Skot ums Jahr 1300 nach Tagmann (Zeitschrift des schles. Vereins I. 86) = 11 Sgr. 5 Pf.

[3]) Feinere Sorten von Tuch.

[4]) Von Poperingen in Flandern.

[5]) Gestreiftes, mit Seide quer durchwirktes Tuch (Stenzel schles. Gesch. S. 315.)

[6]) Siehe o. S. 93.

Waaren.	Einfuhr durch fremde Kaufleute. Zoll von dem Gute.	Skot.	Wagenzoll pro 1 Pferd. Skot.	Ausfuhr. Zoll von dem Gute.	Skot.	Wagenzoll pro 1 Pferd. Skot.
6. Seiden-Gewand, Zindel[1]), Seiden, Baldahin[2]), goldne Borten oder dergl., das da heisst Kramgewand[3])	1 Ctr.	2	$1\frac{1}{2}$	—	—	—
7. Parchent, Lesch, Schetter[4]) u. dergl. Kramgewand	1 Ctr.	$1\frac{1}{2}$	$1\frac{1}{2}$	—	—	$\frac{1}{2}$
B. Spezereiwaaren.						
1. Pfeffer, Ingwer, Zucker, Saffran, Muskat und allerlei Gekrude (Kramerei)	1 Ctr.	$1\frac{1}{2}$	$1\frac{1}{2}$	—	—	$\frac{1}{2}$
(Kramerei bloss durch die Stadt geführt ohne aufgeschlagen zu werden.)	—	—	—	—	—	3[7])
2. Alaun, Seife, Kümmel, Lorbeer, Schwefel, Weinstein u. dergl.	1 Ctr.	$\frac{3}{4}$	$\frac{3}{4}$	—	—	—
3. Feigen, Rosinen u. dergl.	1 Korb	$\frac{1}{2}$ }	$1\frac{1}{2}$	—	— }	$\frac{1}{2}$
Rispfeigen	1 Ctr.	$\frac{1}{2}$ }		—	— }	
C. Metalle und Metallwaaren.						
1. Gegossenes Zinn, Messing, Becken, Kessel od. dergl. Kramerei	1 Ctr.	$\frac{3}{4}$	$\frac{1}{2}$	—	—	$\frac{1}{2}$
2. Ungegossen Zinn und Blei	—	—	$\frac{1}{2}$	—	—	$\frac{1}{2}$
3. Kupfer	1 Last	2	1	1 Last	1	$\frac{1}{2}$
4. Eisen, Stahl	—	—	$\frac{1}{4}$	—	—	$\frac{1}{4}$
5. Sensen, Brände, Kessel, Pfannen, Glocken u. dergl.	—	—	1	1 Pfanne 1 gross. Kessel	$\frac{1}{2}$ $\frac{1}{4}$	— —
6. Messer	1 Tonne	1	—	1 Tonne	$\frac{1}{2}$	—
D. Honig und Wachs.						
1. Wachs	1 Ctr.	$1\frac{1}{2}$	—	—	$\frac{1}{2}$	—
2. Honig[5])	1 Meste[6])	$\frac{1}{2}$	$\frac{1}{4}$	1 Meste	$\frac{1}{10}$	—
E. Leder- und Rauchwaaren.						
1. Grossleder	1 Hundert	6	—	—	—	$1\frac{1}{2}$
2. Kleine Häute	—	—	$1\frac{1}{2}$	—	—	$\frac{3}{4}$

[1]) Zindel, cyndatum, halbseidenes Zeug.
[2]) Baldachin, ein Zeug aus Bagdad, dessen Aufzug aus Gold, der Einschlag aus Seidenfäden bestand (Stenzel a. a. O.).
[3]) Gewand, welches die Krämer, institores verkaufen durften.
[4]) Baumwollene Zeuge. [5]) Steht im Original hinter K. 2.
[6]) Ein meist rundliches, etwas tiefes Gefäss (Pechmeste, Salzmeste) in Frankfurt am Main = Metze, die Hälfte eines Simmers.
[7]) Bei halber Ladung $1\frac{1}{2}$ Skot.

Waaren.	Einfuhr durch fremde Kaufleute. Zoll von dem Gute.	Skot.	Wagenzoll pro 1 Pferd. Skot.	Ausfuhr. Zoll von dem Gute.	Skot.	Wagenzoll pro 1 Pferd. Skot.
3. Schmaschen [1]), Grutschin [2]), Landwerk [3]), Hasenbälge u. dergl.	1 Tausend	$1\frac{1}{2}$	—	1 Tausend	$\frac{3}{4}$	—
4. Schönwerk [4])	1 Tausend	3	2	—	—	1
5. Leder, gegerbtes oder ungegerbtes	1 grs. St. = 2 kl.	$\frac{1}{10}$	—	—	—	—
F. Fische.						
1. Heringe	1 Last	2	$\frac{1}{2}$	1 Last	2	—
2. Lachse	1 Vassung	2	$\frac{1}{8}$	1 Chor	$\frac{1}{4}$	—
3. Hechte	1 grosse Vassg.	2	—	1 grosse Vassg.	$1\frac{1}{2}$	—
andre Fische desgl.	1 kleine Vassg.	1	$\frac{1}{2}$	1 kleine	$\frac{3}{4}$	—
4. Störe	1 Tonne	$1\frac{1}{2}$	—	1 Tonne	$\frac{3}{4}$	—
5. Hausen	1 Vassung	6	$1\frac{1}{2}$	—	—	—
G. Weine.						
1. Reinfall [5])	1 Fass	8	—	—	—	3
(durch einen fremden Kaufmann aber für einen Bürger eingeführt.)	—	—	3	—	—	—
2. Welscher Wein	1 Fass	6	—	—	—	2
3. Osterwein [6])	1 Fass	4	—	—	—	1
4. Gubener Wein	1 Fass	2	—	—	—	1
5. Landwein	—	—	—	—	—	$\frac{1}{2}$
H. Oel.						
Baumoel	1 Centner	$\frac{1}{2}$	$1\frac{1}{2}$	—	—	1
I. Fleisch- und Fettwaaren.						
Fleisch, Schmer, Unschlitt od. dergl.	—	—	1	—	—	—
K. Wolle.						
1. Wolle	—	—	$1\frac{1}{2}$	—	—	1
2. Flocken	2 Stein	$\frac{1}{10}$	—	2 Stein	$\frac{1}{10}$	—
L. Salz.						
1) Salz von Halle	—	—	$\frac{1}{2}$ u. $\frac{1}{4}$ Vrt. Salz	—	—	$\frac{1}{2}$
2) Salz von Krakau [7])	—	—	1 Vrt. Salz	—	—	$\frac{1}{4}$

[1]) Lammfelle (Stenzel a. a. O.). [2]) Grauwerk (?) ebendaselbst.

[3]) Einheimisches Pelzwerk im Gegensatze zu dem darunter genannten Schönwerk, fremdem seltenerem Pelzwe

[4]) Steht im Original hinter No. 5. [5]) S. o. S. 98.

[6]) Wein, der von Osten kommt, vinum Polonicale (Henr. paup. p. 96) oder vielleicht auch Oesterreichischer W Der Ostirwin wird ebenso wie der Reinfall und der Gubener auch in der Liegnitzer Zollrolle von 1328 aufgeführt.

[7]) Vergl. Henr. paup. p. 83 u. 131.

[8]) Dieser niedrigere Tarif gilt auch für die Einfuhr, wenn ein fremder Kaufmann für einen Bürger importirt.

Waaren.	Einfuhr durch fremde Kaufleute.			Ausfuhr.		
	Zoll von dem Gute.		Wagenzoll pro 1 Pferd.	Zoll von dem Gute.		Wagenzoll pro 1 Pferd.
		Skot.	Skot.		Skot.	Skot
M. Holzarten.						
Flader [1]) oder Buchsbaum	—	1	—	—	—	—
N. Horn	1 gross. Hdrt.[3])	$\frac{1}{10}$	—	—	—	—
O. Vieh.						
1. Heidnische [2]) oder ungarische Ochsen . .	1 Haupt	$\frac{3}{10}$	—	—	—	$\frac{3}{10}$ [4])
2. Anderes Grossvieh aus fremden Ländern .	1 Haupt	$\frac{2}{10}$	—	—	—	$\frac{2}{10}$
3. Kleinvieh, Schweine, Schaafe, Böcke, Ziegen	1 Haupt	$\frac{1}{10}$	—	—	—	$\frac{1}{10}$
P. Steine.						
1. Mühlsteine	1 Stück	$\frac{1}{2}$	—	—	—	—
2. Schleifsteine	1 Stück	$\frac{1}{4}$	—	—	—	—
3. andere Steine zollfrei	—	—	—	—	—	—
Q. Hopfen und Waid.						
1. Hopfen	—	—	1	—	—	$\frac{1}{2}$
2. Waid und anderes Gut dergl.	—	—	$\frac{1}{2}$	—	—	—

Ein fremder Kaufmann, der ein Krämer ist, zahlt bei dem Jahrmarkte von einem ganzen Krame 1 Skot = $\frac{1}{2}$ Pfd. Pfeffer, der halbe halb soviel, der mynner leit nach Gnaden d. h. die Schätzung eines geringeren Antheils an einem Krame hängt von der Gnade des Rathes ab. Ein fremder Kaufmann, der durch die Stadt fährt mit ganzem Haugeräth in fremde Länder, soll geben 3 Skot, will er im Lande bleiben mit seinem Baugeräth, so giebt er Nichts. Welcher fremde Kaufmann Gut hereinbringt, welches immer das sei und dies gegen andre Waaren umtauscht, der soll seine Waaren frei wegführen dürfen.

Die Urkunde ist, wie die lateinisch geschriebene Einleitung sagt, um Irrthümer zu vermeiden, welche die Unkenntniss der lateinischen Sprache herbeiführen könnte, deutsch abgefasst. Ueber die Prinzipien, welche im Einzelnen diesen Bestimmungen zu Grunde lagen, wage ich keine Vermuthungen, natürlich erscheint vor Allem die Begünstigung der einheimischen Kaufleute besonders ins Auge gefasst. In Bezug auf die Einfuhr galt dieser Tarif nur für die Einfuhr durch fremde Kaufleute, so dass es also scheint, als ob die Bürger von jedem Zoll befreit gewesen seien. Die Ausfuhr, welche bei der geltenden Niederlagsgerechtigkeit wohl zum grössten Theile in den Händen der Einheimischen lag, erscheint durchgehend äusserst niedrig besteuert.

---

[1]) Flader = Masholder eine Art Ahorn, dessen flammiges Holz sich zu Drechslerarbeiten gut eignet.
[2]) Lithauische.
[3]) Ein grosses Hundert = 120.
[4]) Wenn es auf Gewinn exportirt ward.

Oderschifffahrt.

Der Transport der Waaren erfolgte in jener Zeit immer nur zur Achse, die natürliche Handelsstrasse des Oderstromes scheint damals auf- und abwärts von Breslau nicht fahrbar gewesen zu sein, da eine Menge Wehre, deren Wegschaffung erst später den Luxemburgern nach grossen Anstrengungen gelang, den Strom sperrten. Allerdings scheinen die Hindernisse erst im Verlaufe des 13ten Jahrhunderts gekommen zu sein, da einige Urkunden aus dem Anfang dieses Jahrhunderts noch von einer Oderschifffahrt bis nach Pommern hin sprechen [1]), während später nur noch von Holzflössen auf dem Flusse die Rede ist [2]). Auf dieses Letztere bezieht sich auch der in Urkunden mehrfach genannte Wasserzoll, der ursprünglich Regal, später in die Hände von Privatpersonen kam, und von dem die Stadt 1331, wo sie sich zeitweilig, vielleicht in Folge einer Verpfändung, in seinem Besitze befand, Revenüen bezog [3]).

Theilnahme des Raths am Handel.

Stenzel sagt in seiner schlesischen Geschichte S. 316, der Rath hätte selbst Handel, und zwar mit Tuch getrieben, und führt dafür einige dem Henr. paup. entlehnte Beläge an [4]), doch ist ihm hierbei entgangen, dass es sich bei den dort aufgezeichneten Kaufgeschäften [5]) nicht um einen selbständigen Handelsbetrieb seitens des Rathes, sondern (wie wir oben S. 90 gezeigt) um städtische Anleihegeschäfte bei den grossen Kaufleuten handelte, und dass die angeführte perditio in pannis [6]), welche Stenzel ganz besonders in seiner Meinung bestärkte, nur den Verlust bei solchem Geschäft mit andern Worten die Zinsen der Anleihen bezeichnet. Freilich mussten die so erworbenen Massen von Tuchen vom Rath losgeschlagen werden, aber natürlich nicht ohne Verlust. Es wäre auch an sich kaum denkbar, dass die Breslauer Grosshändler, aus denen der Rath zum grössten Theile bestand, in ihrer Gesammtheit hätten Geschäfte machen sollen, welche jedem Einzelnen hätten Concurrenz machen müssen. Man wird der Natur des Geschäfts wohl am Nächsten kommen, wenn man annimmt, der Rath habe eine gewisse Quantität Tuch vom Grosshändler gekauft, und dieser ihm das Kaufgeld wegen des canonischen Verbotes zinslos creditirt, dagegen habe der Rath das erkaufte Tuch demselben Grosshändler zum Verkauf gegen einen Preis in Commission belassen, der so niedrig festgestellt war, dass der Darleiher gegen den marktgängigen Preis vollen Ersatz seiner Zinsen und Provision fand.

[1]) Stenzel schles. Gesch. 319.

[2]) Zuerst erwähnt der Holzflösse auf der Oder eine Urkunde für das Hospital zum heiligen Geist vom Jahre 1226, wo es heisst, dass den armen Leuten des Hospitals gehören sollen die Flösse (opatinae), welche mit Holz auf der Oder bei Breslau ankommen. Morgenbesser, Geschichte des Hospitals und der Schule zum heiligen Geist S. 3.

[3]) Henr. paup. p. 58. u. Anm. 2 dazu.

[4]) An dieser Stelle steht zweimal 1305 für 1308.

[5]) Das Register zum Henr. paup. weist bei dem Worte panni die hierauf bezüglichen Stellen nach.

[6]) p. 35.

Der Rath empfing also baares Geld aus dem Commissonsgeschäft ausgezahlt, später der Kaufmann den creditirten Kaufpreis ebenfalls baar. Dass dabei nur Breslauer Kaufleute betheiligt waren, zeigen die Rechnungsbücher deutlich.

Dagegen scheint die Stadt sowohl mit Getreide[1]), als auch ganz besonders mit Wein und Bier wirklichen Handel getrieben zu haben. 1273 verleiht Heinrich IV. dem Rath das Schrotamt, d. h. das Recht, Wein oder Bier in ganzen Fässern zu verkaufen und denen, welche (Schrotamt.) es einzeln ausschenkten oder selbst trinken, zuzuführen[2]), nur nach dem Hofe und der Burg sollten die Fässer unentgeltlich gebracht und von da wieder abgeholt werden[3]). Dieses Recht erscheint im Jahre 1300 wieder an einen Bürger für 7 Mark verpachtet[4]). Als Profit beim Verkauf von Wein wird 1327 die grosse Summe von 176 Mark verzeichnet[5]). Auch hatte die Stadt in den Kellern des Rathhauses[6]) einen Ausschank von Wein, und die Einnahmen davon sehen (Ausschank von Wein und Bier.) wir in den Jahren 1302—4, wo sie specificirt erscheinen, von $3\frac{1}{4}$ auf 5 bis auf 7 Mark steigen[7]). In diesen Kellern wurden auch bessere Sorten von Bier verkauft, so z. B. das 1317 zuerst erwähnte Märzbier[8]) und das Schweidnitzer Bier, welches ja dem Rathskeller seinen Namen verschafft hat (zuerst 1331 genannt)[9]). Wie verschiedene ausländische Weine damals schon in Breslau getrunken wurden[10]), zeigt die oben S. 98 erwähnte Urkunde aus dem 13. Jahrhundert ebenso wie die Zollrolle von 1327[11]). Die Stadt machte auch aus ihren Weinkellern zuweilen einflussreichen Persönlichkeiten Geschenke, so erhält 1300 der Hofmarschall Heinrichs V. Walwan von Provin, 3 Krüge französischen Wein, und in demselben Jahre ein Herzog von Ruja (?) 12 Krüge Wein im Werthe von 1 Mark[12]).

Neben dem Weine wird auch Meth als Getränk genannt[13]). In Bezug auf das Bierbrauen bestand schon zu jener Zeit unstreitig die Sitte des Reihebrauens, der unter den Bürgern der Reihe nach abwechselnden Braugerechtigkeit, wie sich dies aus der Menge der bei den Polizei-

---

[1]) Henr. paup. p. 47.

[2]) So erklärt es Stenzel (Tzsch. u. St. 196), in der Urkunde Coph. f. 107 heisst es: officium, quo vasa de curribus ad alia loca trahuntur, quod schrotamt vulgo apellatur, und in der Bestätigungsurkunde von 1352 Coph. f. 206 officium vectionis vasorum.

[3]) Klose I, 525. [4]) Henr. paup. p. 2.

[5]) p. 52.

[6]) Doch waren nicht die gesammten Keller des Rathhauses für den Ausschank bestimmt. Henr. paup. p. 126.

[7]) p. 10, 13, 14.

[8]) p. 42. [9]) p. 57.

[10]) Reinfall, welscher französischer, ungarischer, österreichischer, polnischer, Gubener, Osterwein (vergl. S. 104 Anm. 6) Landwein.

[11]) Beilage 2.

[12]) Henr. paup. p. 5. [13]) p. 15 u. 25.

strafen vom Biere aufgeführten Namen deutlich zeigt[1]). Ein besonderes Hopfenhaus wir erst vom Jahre 1348 an mit einem Ertrage von 15 Mark verzeichnet[2]).

Bleiwage. Besonderen Antheil hatte die Stadt an dem Verkaufe von Metallen. Die Bleiwage, d. das Recht, alles in die Stadt zum Verkauf gebrachte Blei zu wägen und davon eine Abgabe z erheben, erhielt die Stadt schon 1373[3]) und daraus, dass gleich im folgenden Jahre sich d Stadt dieses Recht noch einmal bestättigen liess, mögen wir erkennen, dass man eine gewis Brenngaden. Wichtigkeit darauf legte. Eine ähnliche Einnahmequelle bildete auch der Brenngaden (cr marium, smelzhotte), der Ort, in welchem Gold und Silber geschmolzen, gereinigt, gewogen u probirt wurde. Nach einer Urkunde von 1318 verkaufte ihn der Herzog in diesem Jahre drei Breslauer Goldschmiede[4]), bis ihn dann 1334 die Stadt erwarb[5]), doch muss diese sch früher Antheil daran gehabt haben, wenigstens wird gleich beim Beginn unserer Rechnung bücher der Brenngaden unter den Einnahmen mit 2 Mark aufgeführt, 1309 mit 4 Mark. Nac 1334 wird uns, wo diese Einnahme zum ersten Male specificirt erscheint, d. i. z. J. 1347, di selbe mit 26 Mark 5 Skot angegeben. Dass der Brenngaden mit der Münze, die ursprüngli herzogliches Regal war, in Verbindung stand, ist nicht zu bezweifeln[6]).

Aus dem Jahre 1300 findet sich die merkwürdige Notiz, dass die Consuln damals Münze Schweidnitz (bei Herzog Bolko I., dem damaligen Regenten) die Münze (moneta) erkau hätten[7]), auch wird seitdem ein monetarius von der Stadt besoldet[8]), und zum Jahre 13 wird eine Einnahme von der Münze mit $23\frac{3}{4}$ Mk. angegeben[9]), 1338 50 Mk. Dagegen wurd auch, wie die Rechnungsbücher zeigen, schlechte und zu kleine Pfennige (die denarii Glog vienses und die denarii Luciae oder Luciani werden besonders erwähnt[10]), hier eingeschmolze und fast alle Jahre werden bedeutende Summen als Verlust bei dieser Operation angegebe so zuerst 1301 16 Mark, 1313 sogar 248 Mark. Nach einer Notiz zum Jahre 1314 gingen v 11 Mark, die eingeschmolzen wurden, 3 Mark verloren. Ueber die Münzen selbst und ih

---

[1]) p. 24. Allein auf dem Sande finden sich beim Jahre 1309 sechs Namen genannt. Soviel Kretschmer kön es auf der Sandinsel damals nicht wohl gegeben haben, selbst wenn man sie sich auch sämmtlich in diesem Jahre Strafe genommen denken wollte.

[2]) p. 77.

[3]) Klose I, 525. Coph. f. 197. [4]) Klose I, 617 Coph. f. 222.

[5]) So sagt der alte Glossator zum Henr. paup. p. 11 not. a, und wirklich finden sich 1333 oder Anfang 1334 41 M hierfür ausgegeben (p. 60); eine Urkunde hierüber ist mir nicht bekannt.

[6]) Vergl. darüber den Aufsatz „über die ältesten Münzen Schlesiens in Schlesien ehedem und jetzt ed. Oels und Reiche I, S. 439 ff. und Tagman's schon erwähnten Aufsatz Zeitschr. des schles. Vereins I, S. 44 ff.

[7]) Henr. paup. p. 6. [8]) Hyldebrando monetario 13 M. p. 26.

[9]) p. 64. [10]) p. 66 u. 67.

Geltung verweise ich auf den erwähnten gründlichen Aufsatz Tagmanns, sowie auf die Anführungen der Rechnungsbücher, zu denen das Register unter dem Worte moneta die Anleitung giebt, und erwähne nur noch, dass der Unterschied zwischen der reinen und der landesüblichen Mark sehr schwankend gewesen zu sein scheint, 1299 wird er mit $\frac{1}{11}$, dagegen 1307 mit $\frac{1}{4}$ angegeben (ebenso 1311). Aehnliche Schwankungen zeigt das Verhältniss des Goldwerthes zu dem des Silbers, 1320 ist eine Mark Gold = 9$\frac{7}{8}$ M. Silber, 1329 = 15$\frac{1}{8}$ Mk. Silber, 1335 = 13 Mk. Silber [1]).

Industrie.

Wenden wir uns nun zu der Industrie Breslaus in jener Zeit, so vermögen wir nur über die Tuchfabrikation einige Worte zu sagen. Die ursprünglich aus Flandern importirten Tuche wurden von den hiesigen Webern schon früh nachgemacht, und auch diese Nachbildungen behielten dann ihre fremdländischen Namen, Genter, Yperner Tuch etc., so dass wir in den meisten Fällen, wo in unsern Rechnungsbüchern von derartigen Tuchen die Rede ist, an einheimische Produkte zu denken haben werden. Die erste urkundliche Anführung solcher finde ich in der Urkunde von 1305 [2]), wo den Breslauer Tuchmachern verboten wird, ihre Produkte im Detail zu verkaufen. Da werden als solche Producte ausdrücklich genannt: Yperner, Genter und Landtuch. Ueber den Umfang dieser Industrie ist es schwer etwas zu sagen; bei dem Aufstande von 1333 rühmen sich die Tuchmacher, sie hätten 900 bewaffnete Gesellen hinter sich, und wenn wir erwägen, wie viele Menschenkräfte damals die Tuchfabrikation in Anspruch nahm, wird es nicht als blosse Prahlerei erscheinen. Ueber andere Industriezweige vermag ich Nichts Eingehenderes zu berichten, ich könnte nur entweder blosse Namen der Handwerker nennen, oder mich auf das Gebiet unsicherer Conjekturen begeben.

Einwohnerzahl.

Gern möchte ich über die Einwohnerzahl Breslaus in unserer Epoche Etwas sagen, doch fehlen dazu alle irgend sicheren Voraussetzungen. Wie wenig zuverlässig die Bestimmungen Klose's und Zimmermann's sind, welche für das Jahr 1403 etwa 20,000 annehmen, hat neuerdings Hr. Professor Bergius nachgewiesen [3]). Ebensowenig möchte ich das Beispiel anderer Lokalhistoriker nachahmen, welche aus der Zahl der Fleischbänke die Einwohnerzahl zu berechnen versuchen. Hiergegen spricht schon die Erwägung, dass, während Breslau ums Jahr 1300 etwa 64 Fleischbänke gehabt haben mag, das kleine Städtchen Kanth bei Breslau im Jahre 1314 24 Fleischbänke besitzt [4]), wer möchte glauben, hieraus ein richtiges Verhältniss der Einwohnerzahl beider Städte herleiten zu können? Wollte man aus den Steuersätzen

---

[1]) Henr. paup. p. 47, 89, 90. [2]) Klose I, 596. Copb. f. 192.

[3]) Ueber die Einwohnerzahl Breslaus gegen Ende des 16ten Jahrhunderts. Zeitschr. des schles. Vereins III, 177.

[4]) Tzsch. u. St. p. 491. Dagegen zahlt Breslau an den Landesherrn jährlich 400 Mark Steuer, Kanth 20 Mark. Stenzel schles. Gesch. S. 259.

und der Ertragssumme des Feuerhellers[1]) die Einwohnerzahl berechnen, indem man durchschnittlich lauter halbe Höfe annähme, so würden sich 1036 solche halbe Höfe als in Breslau vorhanden herausstellen, und schlüge man nun die Einwohnerschaft eines solchen Hofes auf 8—9 Personen an, so ergäben sich für die Gesammtsumme der Einwohner die Zahlen 8288 resp. 9324. Doch glaube ich selbst, dass diese Berechnung viel zu niedrig ist, die Zahl der kleinen Besitzungen (Viertelshöfe) ist sicher ganz überwiegend gewesen, nur fehlen mir die Verhältnisszahlen, auf welche sich eine Berechnung gründen liesse.

Wohlstand

Dagegen können wir das Eine mit Sicherheit aussprechen, dass schon im 13ten Jahrhundert hier ein ungemeiner Wohlstand geherrscht habe. Wir haben schon in dem Vorhergehenden mehrfach Spuren davon gefunden, den deutlichsten Beweis kann man darin sehen, dass schon in Heinrich's IV. Zeit 1266—90 der Erlass eines Luxusgesetzes nothwendig wurde, welches u. A. bestimmt, dass bei einer Hochzeit nicht mehr als 30 Schüsseln aufgetragen (bei Strafe einer Mark Goldes) und nicht mehr Spielleute als 4 sein, Hochzeitsgeschenke gar nicht gegeben werden sollen[2]), nur sollen die Gäste dem Hochzeitsvater für jede Schüssel 1 Loth (= 1½ Skot = 3 Gr.) geben dürfen. Ganz besonders war der Reichthum gross in den Kreisen der Patrizier. Wir sahen schon oben S. 29, wie dieselben es verstehen, sich in den Besitz der gewinnbringendsten Rechte, der einträglichsten gewerblichen Unternehmungen zu setzen. Der Grundbesitz des gesammten Fürstenthums Breslau scheint am Anfange des 14ten Jahrhunderts zum grossen Theile ihnen gehört zu haben[3]) und sie treiben mit diesen Gütern einen profitabeln Handel, kaufen, verkaufen und parzelliren unermüdlich[4]). Dies, sowie die grossartigen Anleihen, die sie zu sehr hohen Zinsen übernehmen, musste den Reichthum schnell anwachsen lassen. Man braucht hier nur an den einen Fall zu denken, wo zwischen den Jahren 1330 und 1340 drei Breslauer Bürger an Boleslaus von

---

[1]) Henr. paup. p. 83. Anm. 7.

[2]) Tzsch. u. St. p. 506. § 14. Wenn Stenzel (schles. Gesch. S. 350) diese Stelle im Sinne gehabt hat, so hat er sie ungenau wiedergegeben, nicht jeder Gast bezahlt, wohl aber wird für jede Schüssel bezahlt, und, wie es scheint, haben dann die Gäste zusammengeschossen, um jene Entschädigung an den Hochzeitsvater, die bei 30 Schüsseln doch fast bis auf 2 Mark sich beläuft, zusammenzubringen. Dies Letztere fände seine Analogie in den noch heute üblichen westphälischen Gebehochzeiten, nur dass bei diesen die Höhe des Beitrags dem Belieben des einzelnen Gastes überlassen bleibt, dafür aber auch sorgfältig aufnotirt wird, um dem jungen Ehepaare als Norm zu dienen, wie weit sie ihrerseits bei späteren Einladungen den einzelnen Familien gegenüber in ihrer Freigebigkeit zu geben verpflichtet sind.

[3]) Ich wollte versuchen, aus den Landbüchern mir ein deutliches Bild des ländlichen Besitzstandes der Breslauer Patrizier zu entwerfen, doch als ich die aus jenen gezogenen Regesten, die mir Hr. Archivar Wattenbach freundlichst zur Benutzung überliess, durchmusterte, erkannte ich, dass die Fülle von Material ganz überwältigend sei. Man kann dreist behaupten, dass ⅔ jener Urkunden Breslauer Patrizier betreffen.

[4]) Die Urkunden, welche Hr. Dr. Meitzen im 4ten Bande des Cod. dipl. Siles. gegenwärtig herausgiebt, liefern dafür mannigfache Beläge.

Liegnitz 15,000 Mk. ausleihen gegen Verpfändung der Städte Liegnitz, Goldberg und Hainau[1]). Die Möglichkeit, in jener doch im Ganzen geldarmen Zeit solche ungeheure Kapitalien aufzubringen, setzt einen nicht geringen Grad von Reichthum und Kredit voraus. Auch unter den Handwerkern finden wir sehr reiche Leute. 1288 gehört das Dorf Goldschmiede bei Lissa einem Breslauer Goldschmidt, namens Hermann[2]), die Familie eines andern Goldschmidts erscheint 1318 als Gläubiger des Herzogs mit einer Schuld von 150 Mrk.[3]), und der Fleischer Ulrich vermacht ums Jahr 1300 sein Gut Kelcho (Serschütz) an das Sandkloster[4]). Häufig finden wir es bei den Breslauer Bürgern, dass, um eine allzugrosse Zersplitterung des Vermögens zu verhindern, Töchter in Klöstern, dem Strehlener, dem Trebnitzer oder dem Breslauer Klarenstifte (namentlich dem letzteren) untergebracht werden. Wenn das Kloster auch in solchem Falle keineswegs ganz leer ausgeht, so erhält es doch nicht den ganzen Erbschaftsantheil. An Stiftungen frommer Wohlthätigkeit fehlte es überhaupt in jener Zeit nicht, die Urkunden der verschiedenen Klöster wissen davon viele aufzuzählen; hier sei nur das bedeutende Vermächtniss des Breslauer Bürger Nikolaus Slupp erwähnt, welches ums Jahr 1330 den vollständigeren Ausbau der Adalbertskirche ermöglichte[5]).

Wohlthätigkeits-Anstalten.

Für die Armen, Pilger und die Siechen sorgten die vorhandenen Hospitäler, so das 1214 gestiftete Spital der Brüder zum heiligen Geist[6]), das vor 1252 schon vorhandene Elisabethspital der Kreuzträger von St. Mathias mit dem rothen Sterne[7]), sowie die Johanniter, welche in der Mitte des 14ten Jahrhunderts zuerst vorkommen[8]), und endlich die Beghinen[9]). Ausser diesen in den Händen der Geistlichkeit befindlichen Wohlthätigkeitsanstalten, gab es auch noch ein, wie es scheint in der Zeit der Pest ums Jahr 1318 gestiftetes und vom Rathe verwaltetes Hospital zum heil. Leichnam[10]), welches durch viele Schenkungen schnell vermehrt wurde, so dass es noch heute das reiche Hospital heisst. Ausserdem kommt schon 1264 ein besonderes Spital für Aussätzige vor, welches auf der platea Gallicorum vor dem Ohlauer Thore unweit der Mauritiuskirche lag[11]).

---

1) Chron. princ. Pol. p. 131. Thebes. II, 189.
2) Stenzel schles. Gesch., S. 311.
3) Klose I, 617. Copb. f. 222.
4) Stenzel Ss. II, 181.
5) Heyne, dokumentirte Gesch. des Bisthums Breslau, S. 850, 51.
6) Morgenbesser, Gesch. dieses Spitals, S. 3.
7) Stenzel, schles. Gesch. S. 177 ff.
8) Siehe unten Anm. 10 auf dies. S.
9) Dieselben werden meines Wissens zuerst genannt in der Urkunde Herz. Boleslaus vom J. 1305. Klose I, 596. Copb. f. 192.
10) Dass es neben dem gleichfalls „zum heiligen Leichnam" genannten Spitale der Johanniter noch ein besonderes städtisches gegeben, glaube ich in meiner Anm. 1 zu p. 44 des Hear. paup. nachgewiesen zu haben.
11) Wattenbach, Spitäler f. Aussätzige in Schlesien. Zeitschr. des schles. Vereins III, 48.

Schulen

Auch an Anstalten zur Bildung der Jugend fehlte es hier nicht. Die Domschule[1]) wahrscheinlich so alt wie das Bisthum, und neben ihr gab es auch bei den Stiftern zu Vincenz und unserer lieben Frauen auf dem Sande[2]), sowie an der Kreuzkirche[3]), Triv schulen. Doch enthielt die Domschule ausser dieser niederen Schule auch noch eine höh wo das Quadrivium gelehrt wurde, und diese muss schon früh sich eines bedeutenden R erfreut haben, da, wie wir sahen, in der Mitte des 13ten Jahrhunderts König Ottokar Böhmen einen seiner Verwandten des Studiums wegen hierher sendet[4]). Als dann Bre sich als deutsche Stadt besonders durch die Verleihung des Magdeburger Stadtrechts fe constituirt hatte, empfand man das Bedürfniss, eigene Schulen in der Stadt selbst zu hal und 1267 wandte sich der Rath an den Cardinal Guido, der zu einer Synode der polnisc Bischöfe nach Breslau gekommen war, und stellte vor, dass die Söhne der Bürger, welche Schulen ausserhalb der Stadt auf der Sand- und Dominsel besuchen müssten, wegen der I fernung und des gefährlichen Ueberganges über die Brücken, bei dem lebhaften Verkehr Menschen und Wagen, leicht in Gefahr kommen könnten, und baten ihn um die Erlaubı eine eigene Schule in der Stadt errichten zu dürfen. Diese gab denn auch der Cardina Uebereinstimmung mit dem Bischofe Thomas und dem Kapitel und ordnete an, dass an Magdalenenkirche eine eigene Schule errichtet würde, in der die Knaben Unterricht in Religion, dem Gesange und dem Latein haben sollen. Dem lateinischen Unterricht war Grunde gelegt die Grammatik des Donat, und gelesen wurde einmal die in Hexame geschriebene Ekloge des Theodul, eines Schriftstellers des 10ten Jahrhunderts, welcher Gegensatz des heidnischen Lebens gegenüber dem alttestamentlichen Monotheismus darst ferner die Sammlung von Densprüchen, als deren Verfasser ein gewisser (Dionysius) C genannt wird. Ausserdem noch eine nicht näher bezeichnete Sammlung von Sittensprüchen grammatischen Regeln (regulae pueriles). Die Lectüre sonstiger wissenschaftlicher We der libri majores, wird ausdrücklich ausgeschlossen, und werden die, welche einen höh Grad von Bildung erlangen wollten, an die Domschule gewiesen[5]), doch stand a

---

[1]) Sie befand sich in der alten herzoglichen Burg auf der Dominsel in castro Vratislaviensi, wie die Urk. fü Gründung der Magdalenenschule sagt. Schönborn, Beiträge zur Geschichte der Schule und des Gymnasiums z Mar. Magdal. I. Programm zur 200jähr. Jubelfeier des Gymnasiums. Breslau 1843. S. 2.

[2]) Die Vincenzschule wird 1204, die auf dem Sande 1339 zuerst erwähnt. Stenzel, schles. Gesch. S. 327 Klose II, 2. 269.

[3]) Seit 1288. Sommersberg I, 803.

[4]) Stenzel Ss. II, 464.

[5]) In der angeführten Schönborn'schen Schrift ist die Urkunde von 1267 nicht nur mitgetheilt, sondern auc das Erschöpfendste erläutert. Ueber die Zeitbestimmung s. Roepell, Zeitschr. d. Vereins I, 144.

schon die Magdalenenschule bedeutend über dem Range einer gewöhnlichen Trivialschule[1]).

Diese neu gegründete Schule mochte nun aber bald so überfüllt werden, dass die Verwaltung der Schule die Aufnahme der Schüler auf die Parochie der Magdalenenkirche beschränkte, so dass 1293 die Parochialen der Elisabethkirche wieder vor Bischof Johannes dieselben Klagen vorbrachten, die 1266 laut geworden waren, und auch wirklich in diesem Jahre die Gründung einer zweiten Schule an der Elisabethkirche genau in derselben Weise wie bei jener ersten durchsetzten[2]). Natürlich übte der Bischof ein Oberaufsichtsrecht über alle Schulen, doch fehlte es auch auf diesem Gebiete nicht an Streitigkeiten mit den Bürgern. So wird einem der Letzteren vorgeworfen, dass er einem Schreiber, der ohne Erlaubniss, ja sogar gegen die ausdrücklichen Abmahnungen des Bischofs den Kindern Lesen und Schreiben lehre und diese von den öffentlichen Schulen abziehe, in seinem Hause eine Zuflucht gewährt habe, bei Strafe des Bannes solle der ganze Unterricht aufhören[3]).

In Beziehung auf Kunst und Wissenschaft weiss ich dem, was Stenzel in seiner schlesischen Geschichte (Buch 3, Hauptstück 4) allerdings mit Rücksicht auf das gesammte Schlesien und andererseits auf das ganze 14te Jahrhundert anführt, nichts Neueres hinzuzufügen. Was speciell die bildenden Künste anbetrifft, wo die Kirchenbauten, Ornamente und Grabdenkmäler noch am ersten einige Anhaltspunkte darzubieten vermögen, so verzichte ich um so lieber darauf hierüber zu sprechen, als uns ein Werk über die Kunstgeschichte Schlesiens aus der kundigen Feder des Herrn Dr. Luchs versprochen ist. Was Poesie und Wissenschaft anbetrifft, so dürfte sich kaum Etwas anführen lassen, welches aus dem Gebiete, auf deren Darstellung wir uns hier beschränken, hervorgegangen wäre. Es ist augenscheinlich eine spätere Zeit, in der die Städte die wahren Zufluchtsstätten auch für alle höhere Kultur wurden, und die deutschen Minnelieder des Breslauer Herzogs Heinrich IV.[4]), standen den eigentlich städtischen Kreisen nicht weniger fern, als die etwaigen gelehrten Bestrebungen Breslauer Mönche. Soweit wir etwas von den Gelehrten unter den städtischen Beamten selbst wissen, nämlich den Stadtschreibern, so sind weder ihre amtlichen Aufzeichnungen, die uns in den Rechnungsbüchern vorliegen, noch ihre Versuche im historischen Style, von denen uns der

---

1) Wie Schönborn S. 17 nachweist.

2) Die fast wörtliche Uebereinstimmung beider Urkunden hat vielfach Anstoss erregt, doch ist die von Schönborn S. 6 gegebene Erklärung, der ich im Texte gefolgt bin (wie auch schon Stenzel schles. Gesch. S. 326), durchaus ausreichend.

3) Formelbuch Arnolds von Protzan 1, 59.

4) Deren eines Stenzel in der schles. Gesch. S. 341 mittheilt.

in Beilage 1. gedruckte Bericht eine Probe zeigt, geeignet, uns einen besonders hohen Begriff von ihrer Bildung zu geben.

Sittenzustände. Was nun endlich den Zustand der öffentlichen Moral im Grossen und Ganzen anlangt, so werden wir uns kaum wundern, vielfachen Zügen von Roheit und Gewaltthätigkeit zu begegnen. Es hing in jenen Jahrhunderten die öffentliche Sicherheit im Lande wesentlich von dem Charakter und der Macht des Fürsten ab, und unter gewöhnlichen Verhältnissen fand in Schlesien, wie überall, Gesetz und Ordnung nur innerhalb des umfriedeten Raumes der Städte eine gewisse Geltung. Jenseits ihrer Mauern herrschte ungestraft ein wüstes Fehdewesen. Doch dürfen wir nicht verschweigen, dass die traurigen Zustände am Anfange des 14ten Jahrhunderts, wo die Gewaltthätigkeit des wilden Boleslaus gegenüber der hülflosen Schwäche Heinrichs VI. diesen letztern am Ende dem böhmischen Könige in die Arme trieb, auch auf unsere Stadt nicht ohne Einfluss geblieben sind. Dass solche frevelhafte Attentate, wie die des Herzogs Boleslaus gegen die Minister seines Bruders am hellen Tage mitten in Breslau ausgeführt zu werden vermochten [1]), dass es hier geschehen konnte, dass ein Bürger, der, um einem Verfolger zu entrinnen, sich in eine Kirche geflüchtet, am Altare selbst erschlagen wurde, dass in den Wohnungen der Prälaten auf dem Dome, ja in der Domkirche selbst Diebstähle und Räubereien wiederholt vorkommen [2]), zeigt deutlich die schädlichen Einwirkungen des Treibens der Hofleute. Scheinen doch selbst im Schoosse der Kirche, unter dem Stande, den bessere Bildung wie die Würde des Berufes als sittlich höher stehend denken lassen, ärgerliche, gewaltthätige Auftritte damals nur zu häufig gewesen zu sein. Wir erwähnten schon oben jener skandalösen Schlägerei zwischen einem päpstlichen Gesandten und einem Breslauer Kanonikus [3]), und ganz besonders das Sandstift war damals der Schauplatz arger Frevel. Abt Heinrich der Kahle (erwählt 1319) hat seinen Vorgänger Philipp ins Gefängniss gesetzt und zu Tode gepeinigt, des Bannstrahls spottet er, so dass endlich der Herzog und der Breslauer Rath gegen ihn einzuschreiten beschliessen. Vorher aber haben schon die älteren Brüder des Sandstiftes ihren Abt ergriffen und ins Gefängniss gesetzt, wegen welcher Eigenmächtigkeit sie gleichfalls gebannt werden. Auch diese jedoch zeigen sich widerspenstig, und als der Bischof in jener Sache eine Untersuchung im Stifte abhalten will, verweigern sie ihm den Eintritt. Erst 1324 endigt päpstlicher Urtheilsspruch diese Händel [4]).

Noch charakteristischer für die allgemeine Verwilderung des Clerus ist die Notiz, dass

---

[1]) Vergl. o. S. 55. [2]) Formelbuch Arnolds von Proczan. [3]) S. 95.

[4]) Chron. abb. b. Mar. Stenzel Ss. II, 187—190. Formelbuch Arnolds v. Proczan 1, 60. 1, 96. 1, 107.

ein besonderes scharfes Edikt Bischof Nankers nothwendig wurde, um die Cleriker abzuhalten, Nachts bewaffnet umherzuschwärmen, Unfug zu treiben und in den Trinkstuben lärmende Gelage zu halten [1]). Schon hieraus mag man erkennen, wie sehr nothwendig die wiederholten Edikte des Rathes gegen die Ruhestörer waren [2]). Auch nach dieser Seite hin wurde es natürlich besser, als 1335 die Hand eines mächtigen und überall respectirten Fürsten die Zügel der Regierung ergriff.

Ueberblicken wir nun die ganze Periode, deren Darstellung wir jetzt schliessen, so muss es uns überraschen, wie Grosses trotz aller Störungen, welche die äusseren Verhältnisse herbeiführten, in dem kurzen Raume kaum eines Jahrhunderts geleistet worden ist. Die Zeit, in der dies deutsche Gemeinwesen erstand, war schöpferisch wie keine spätere. In jenen wenigen Dezennien wurde das Gebäude der städtischen Verfassung als eines selbständigen freiheitlichen Organismus vollständig ausgebaut, und in der Gestalt, die es damals erhalten, hat es über vier Jahrhunderte fast unverändert bestanden. Als 1740 die preussischen Waffen an die Thore Breslau's pochten, fand der grosse König in allem Wesentlichen die Stadt so organisirt vor, wie sie einst König Johann 1335 übernommen hatte, und eben jene alten Freiheiten, vor Allem das jus praesidii, welches die Vertheidigung der Stadt ausschliesslich der Bürgerschaft selbst zuwies, erleichterten, ja ermöglichten den schnellen Uebergang Breslau's in die Hände der Preussen. Erst Friedrichs staatskluger Hand blieb es vorbehalten, die nothwendig veralteten Formen zu zerbrechen und umzugestalten, die Stadt aus ihrer mittelalterlichen Isolirung herauszureissen und zugleich zu retten vor der Gefahr der Verkümmerung unter einer gleichgültig schlaffen und nur in der Intoleranz konsequenten Herrschaft. Er fügte sie einem Staate ein, der aus denselben Volkselementen erwachsen, rastlos die Bahn verfolgte, die den Neigungen und Gesinnungen der Nachkommen jener energievollen Bürgerschaft entsprach. Beispiellos schnell verwuchs unsere Stadt mit ihm, und spätere Zeiten eherner Noth, weit entfernt einen Gedanken an Abfall aufkommen zu lassen, haben das Band nur noch fester geschmiedet und den treuen Patriotismus der Breslauer und der Schlesier überhaupt glänzend dargethan. Es ist eben die Ueberzeugung, dass ihnen hier neues Leben und neue Kraft zu frischer, freier Entwickelung entgegenströme, die sie mit Preussens hoffnungsreichen Geschicken untrennbar für immer verbindet.

---

[1]) Formelbuch Arnolds v. Proczan 3, 75. [2]) Vergl. o. S. 87.

Beilage I.

Der Bericht über den Aufstand von 1333 aus der hirsuta hilla[1]).

Klose theilt in seinem Werke, nachdem er den Aufstand von 1333 geschildert, (I, S. 636 Anm.) einen lateinischen Bericht über dieses Ereigniss mit, und am Schlusse desselben sagt er: „Diese Nachricht ist von einem Augenzeugen, der sie in eines von den Büchern geschrieben, welches sich noch jetzt auf dem Breslauer Rathhause befindet. Es hat den Titel: Liber hirsuta hilla f. 2. Franz Faber hat dies Fragment ebenfalls in seine Orig. Wrat. eingerückt." Bei dieser Publikation aber ist dem sonst so zuverlässigen Klose etwas Menschliches widerfahren. Obwohl er nämlich das alte Stadtbuch, welches den Titel hirsuta hilla führte, selbst in den Händen gehabt hat, ja wahrscheinlich selbst Schuld daran trägt, dass es für uns verloren gegangen ist[2]), so hat er doch den von ihm mitgetheilten Bericht nicht jenem Buche, sondern den Origines Wratisl. des Franz Faber entnommen, ohne gewahr zu werden, dass dieser

---

[1]) Ueber dieses Buch, als Quelle unseres Berichtes, sind neuerdings in dem Aufsatze des Herrn Oberbergrath Steinbeck: der Aufstand der Tuchmacher zu Breslau im Jahre 1333 (Abhandlungen der Schlesischen Gesellschaft für vaterländische Cultur, Abth. für Geschichte und Philologie, 1861. Heft 1. S. 44 u. 45) einige Notizen gegeben, welche mir in manchen Stücken einer Berichtigung zu bedürfen scheinen. Jene hirsuta hilla, aus der unser Bericht stammt, hat durchaus Nichts gemein mit den Aufzeichnungen von Criminalfällen, welche unter dem Namen: hirsuta hilla nova und hirsuta hilla tertia noch jetzt auf dem Rathsarchive vorhanden sind, wie dies schon die Zeit, in welcher jene Aufzeichnungen beginnen, 1446 resp. 1509, deutlich zeigt, und die Anführung Klose's I, 637. Anm. über hirs. hilla f. 2 deutet nicht auf einen zweiten Band, sondern nur auf die Seitenzahl (Blatt 2). Der gleiche Titel lässt sich nur aus der Willkür eines späteren Stadtschreibers herleiten. Jene eigentliche hirsuta hilla, welche von 1328—1361 reichte, war ganz ebenso wie der antiquarius und der nudus Laurentius ein eigentliches Stadtbuch, in welchem die verschiedensten Gattungen von privatrechtlichen Akten, welche eine officielle Bestättigung erhalten sollten, verzeichnet wurden. Das geht hervor ebensowohl aus dem Titelblatt des nudus Laurentius, wo dieser letztere sich als Fortsetzung der hirsuta hilla ankündigt, als auch aus den von Klose's Hand verfassten und noch vorhandenen Auszügen aus der hirsuta hilla. (Vergleiche Schlesische Zeitung 1860 No. 295 und die Entgegnung darauf in No. 307). Dass man solche Bücher dann noch zu anderen wichtigen Aufzeichnungen, Copien von Briefen, obrigkeitlichen Bekanntmachungen und auch zu historischen Notizen benutzte, lag ganz im Sinne des Mittelalters (vergl. Homeyer, die Stadtbücher des Mittelalters. Abhandlungen der Berliner Akademie 1860). Die Entstehung der originellen Titel der Breslauer Stadtbücher ist noch nicht hinreichend erklärt (Henr. paup. Einl. S. VI).

[2]) Es fehlt seit seiner Zeit, nur einige Blätter mit Auszügen daraus von Klose's Hand sind uns erhalten.

letztere mehrfach Auslassungen und Verkürzungen vorgenommen hat. Glücklicher Weise fand ich unter den annalistischen Zusätzen des von Faber veranstalteten Rathsverzeichnisses eine vollständige Abschrift jenes Berichtes, und da wir bei der beklagenswerthen Dürftigkeit der Quellen für die ältere Breslauer Geschichte alle Ursache haben, jede Zeile zu Rath zu halten, die ein Material liefern könnte zur Erforschung jener alten Zeiten, so will ich hier den Bericht vollständig folgen lassen; die gesperrt gedruckten Stellen sind die, welche bei Klose fehlen.

Anno 1333 textores communiter insurrexerunt contra consules et civitatem, moventes querimoniam coram Duce, quod octoviri et non totus consulatus vellent destruere opus suum. Quem (sic!) querimoniam fecerunt subscripti, qui inter eos facti fuerunt capitanei, videlicet Nicolaus Stoia, Hainemannus Pappelbaum, Hainemannus Blecker, Johannes Hartungi, qui coram duce dixerunt: domine, consules ponunt collectas in civitatem, de quibus nihil datur vobis, ipsi exponunt cum collectis filias suas et cognatas. Item dixerunt, se velle jurare duci et non consulibus, quia non esset justum, quod consules reciperent juramentum. Item cum dux quaereret, si de jure suo aliquas haberent rationes, dixerunt palpantes in cultellos suos: hoc est probatio nostra. Item cum consules loquerentur de privilegiis civitatis dixerunt: si haberemus potestatem, nos vellemus fodere sigilla et facere literas ad placitum nostrum. Item dixerunt, quod vellent ordinare duci unum dolium plenum auro et aliud plenum argento. Item dixerunt, se habere noningentos viros bene preparatos cum panciriis et slappis contra civitatem. Item provocaverunt famulos suos, qui dicebantur egeni, quicquid mandaverimus, hoc facite super corpus et res nostras. Item consules habebant requisitos juratos textorum, utrum apud eos et civitatem vellent manere. Cui responderunt, quod ipsi apud eos manere vellent, sed alii omnes textores vellent pariter manere de causa mota contra civitatem. Conradus Gleser decollatus dixit audientibus probis viris: consules dicunt, se habere probationes, si haberemus potestatem nos vellemus literas scribere in coquina et ubi sasi[1]) — textores, cum tales darentur literae. Hartmannus decollatus, quem civitas fecerat advocatum in nova civitate, ibat et stabat manifeste loquens contra consules, jura et privilegia civitatis. Nicolaus Lautweber decollatus debebat esse precessor contra civitatem et commisit furtum in opere suo, quod textores indulserunt sibi, ut staret cum eis contra civitatem. Witko de Graz dixit coram consulibus, juratis et senioribus: civitas habet privilegium emtum non apud eorum dominum sed apud quendam capitaneum, propter quod consules inhibebant sibi, ne loqueretur amplius coram eis, quod cum non dimisit sed occulte fuit contra civitatem. Goblo senior de nova civitate multa loquebatur contra civitatem quod[2]) propter Deum et senectatem suam consules pepercerunt sibi, ita quod devovit, quod amplius non debeat facere, sin autem invocaretur aliquo modo, ex hinc civitas debet repetere unum cum reliquo.

Wenn ich hieran einige kritische Betrachtungen knüpfe, so geschieht dies, um die oben im Text (S. 70—75) gegebene Auffassung dieser Ereignisse in der Aufeinanderfolge, wie ich sie für die wahrscheinlichste halte, zu rechtfertigen.

Nach unserem Berichte möchte man glauben, das ganze Trauerspiel hätte nur einen Akt gehabt,

[1]) sic! möglicherweise auch afu — ich conjicire das grammatisch allerdings auch nicht haltbare assint.
[2]) Faber und nach ihm Klose schliessen hier ab: quod propter Deum et senectam suam illi remissum est.

die Tuchmacher wären zum Herzog gekommen und hätten durch ihr freches Auftreten dessen Zorn so erregt, dass er die Rädelsführer hätte ergreifen und hinrichten lassen. Bei näherer Betrachtung aber sieht man, dass die Einheit der Zeit und des Ortes nicht aufrecht zu erhalten ist. Zuerst spielt die Scene bei dem Herzoge, wo die Deputirten der Tuchmacher allein auftreten, sie hätten auch schwerlich vor den Consuln ihren Bestechungsversuch gemacht. Dann muss doch einige Zeit vergangen sein bis zu der Confrontation der beschwerdeführenden Tuchmacher mit dem Rathe; in diese Zwischenzeit fällt die Botschaft und Anfrage des Rathes an die Geschworenen der Weber, die ja auch in ihrer Antwort von einer „causa mota", also einer noch schwebenden Sache, sprechen. Der Bericht wirft das Alles durcheinander. Ueberhaupt, so gern ich dem letzten Theil des Berichtes Glauben schenken will, wo der Verfasser die Untersuchungsakten (in welcher Form sie immer damals geführt worden sein mögen) vor sich gehabt zu haben scheint, (der Hinweis auf die Zeugenaussagen „audientibus probis viris" macht das glaublich) so unzuverlässig scheint mir der erste Theil, wo die verschiedenartigsten Aeusserungen, wie sie im Munde der Leute umgingen, ganz ohne Kritik zusammengerafft zu sein scheinen. Die Aeusserungen der Deputirten über die Privilegien, die als Antwort auf deren Geltendmachung seitens der Consuln angeführt wird, gehört doch nicht an denselben Ort und nicht in dieselbe Zeit wie das Geldversprechen an den Herzog, und dieses letztere kann doch unmöglich nach jener impertinenten Drohung erfolgt sein. Jene Drohungen müssen wohl überhaupt das Allerletzte gewesen sein, nach diesen war doch kaum eine weitere Verhandlung denkbar und sie haben nur Sinn, nachdem die Tuchmacher zu der Ueberzeugung kommen, dass jede Hoffnung auf eine günstige Entscheidung verloren ist, also in keinem Falle, so lange die Sache noch schwebt. Ferner erscheint jene heftige Drohung ausdrücklich als dem Herzog gegenüber ausgesprochen und zwar von den Deputirten, und wir müssen einräumen, dass diese Worte das Schlimmste und am meisten Gravirende enthalten, was wir von dem ganzen Aufstande wissen. Aber gerade die Deputirten sind nur mit Verbannung, also viel milder bestraft als Andere, deren Schuld uns nach unserm Berichte viel geringer erscheinen muss. Endlich ist es auffallend, dass die Consuln dem Witko von Grätz das Wort entziehen — sollten sie das in Gegenwart des Herzogs haben thun dürfen? Dennoch erscheint die Klage ausdrücklich als beim Herzoge eingebracht. Ich habe meine Darstellung der Ereignisse diesen Resultaten der Kritik anzupassen gesucht, und lasse alle Bedenken dahingestellt, um mich nicht zu weit auf das Gebiet der Conjectur zu wagen.

Beilage 2.

Die Breslauer Zollrolle Heinrichs VI.[1])

13. Januar 1327.

(Raths-Archiv A. 5.)[2])

In nomine domini amen. Etsi quibuslibet nostrorum commoditatibus subditorum cura pervigili solerter intendimus, illorum tamen singulari nostre liberalitatis magnificentia profectibus et commodis ex debito innitimur atque intendere compellimur, quibus non solum in presenti sed etiam nostri memoria et anime salus videtur accrescere procul dubio infuturo. · Ex eo est, quod Nos Henricus, Dei gratia dux Slesie et dominus Wratislavie, profitemur singulis et recognoscimus universis presentium notitiam habituris, Quod dilectorum et fidelium nostrorum consulum, civium et totius universitatis civitatis nostre Wratislaviensis, ad memoriam revocatis meritis nobis atque patri nostro clare memorie fideliter atque multipliciter impensis, Consideratis insuper gratis fidelibus et continuis obsequiorum servitiis, que nobis iidem et progenitoribus nostris benivole ex eorum fidei integritate summa diligentia actenus impenderunt, et ad impendendum se promptos adhuc exhibent ac paratos, ob nostre etiam anime perpetuam memoriam principaliter et salutem, de nostrorum consilio fidelium volentes civitati nostre predicte suorum prescriptorum et precedentium obtentu meritorum in theolonio nostro, quod inibidem huc usque exstitit indistinctum, et ob hoc ab hominibus res suas inibi deferentibus graviter et sine determinata regula est exactum, et cupientes gratiam super his facere specialem, ne Latinum eloquium gratie nostre presentibus subscripte dubium in exponendo ingerat, aut in intelligendo simplicibus prestet aliqualiter difficultatem, ne etiam verborum intricatio audientibus tedium parturiat quoquam modo, singulos gratie nostre de thelonio articulos Civitati nostre Wratislaviensi inibi in perpetuum in observandos ex nostra donatione et collatione singulari, presentibus de verbo ad verbum distincte fecimus scribi, et expresse in ydiomate theuthonico sub hoc ordine atque forma:

Welch gast her in di stat Wretslaw vurt schone gewant, der shal gebin von dem tuche ein halbes scoth, und von dem pferde, das is gewant czuhit, ein Loth. Wer schone gewant aus der stat fürit, das dorinne geköufit ist, der shal gebin von dem thuche ein qvart.

---

[1]) Vergl. o. S. 109.

[2]) Klose I, 625 citirt ausser A. 5 auch noch A. 25. Unter dieser letzteren Signatur finden sich zwei Abschriften dieser Urkunde, eine sehr defekte, die der Handschrift nach aus dem 15. Jahrhundert stammt, und eine zweite, in der Orthographie vielfach geänderte aus dem 17. Jahrhundert. Auch das Original ist durch Moderflecken entstellt, die an vielen Stellen das Lesen sehr erschweren.

Welch gast her in fürit poperish, gistlish, borel und alle dünne tuch ane yrish, der shal g
von dem tuche ein qvart, gewant von Gorlitz, Steincallish, Brunner, Sagit, und den glich shal gebir
tuch czwene pfenninge unde das pfert ein halb lot.

Welch gast her in brengit lant-gewant, das tuch gibit czwene pfenninge, und das pfert gibit n
fürit ein gast lant-gewant einim burger, das pfert gibt ein halb lot. Wer lant-gewant aus fürit
gestin, der gebin czwei tuch ein qvart. das pfert ein halbis scot, welch gast her in fürit linwat
us, das hundirt gibt ein qvart.

Welch gast her in fürit sidin gewant, czindal, syde, baldekin, guldine borten, odir das dem
ist, das do heisit cromgewant, der shal gebin von dem czenthener czwei scoth, von dem pferde ein

Welch gast brengit parchan, lesh, czethir und alle sin glich, das do heisit cromgewant, pf
ingebir, czukir, safferran, muskatin und allirleige gekrüde, die den glich sin, der czenthener gib
lot unde von dem pferde ein lot.

Welch man cromerie von hinnin fürit, der gibt von dem pferde ein halbis scot. Swer cror
durch di stat fürit, slet her si nicht uf, so gibt das pfert einin halbin virdunc, unde das gut gibt n
fürit her halbe ladunge, so shal her halbin teil gebin.

Welch gast brengit alune, seife, komil, lorber, swevil, winstein und alle sin glich, der czentl
gibt ein halb lot und das pfert ein halb lot.

Welch gast brengit vigin, rosinckin, adir sine glich, der korp gibit ein halbis scot, von dem
thener rispvigin, also vil, und das pferd ein lot. Welch man das vorgenante gut us fürit durch g
das pfert gibt ein halbes scot, und das gut nicht.

Welch gast brengit gegossin czin, messink, beckin, kessil, oder sin glich, das czur cro
höret, der czenthener gibt ein halbis lot und das pfert ein halb scot, wer daselbe gut us fürit
pfert gibt ein halbis scot, und das gut ist fry.

Welch gast brengit ungegossin czin und blie, das pfert gibt ein halbis scot, und das gut
Wer aber das gut us fürit uf gewin, der gibt glich alse vil.

Welch gast brengit cuppir, di last gibt czwei scot, unde das pfert ein scot Wer das gut us
der gibt halb so vil.

Welch gast her in fürit oder aus stol, ysin, das pfert gibt ein qvart.

Welch gast brengit sensin, brende, kessele, pfannin, glockin und sin glich, das pfert gibt ein
und das gut nicht. Wer eine pfanne us fürit, der gibt ein halbis scot, der grose kessil ein qvart.
gast gibt von einer thunnin mit messirnn, und ir glich ein scot, das pfert nicht, das gut halb als
wenn mans us fürit.

Welch gast brengit wachs, der czenthener gibt ein halb lot, das pfert nicht. Wer wachs us
der czenthener gibit ein halbis scot und das pfert nicht.

Des gastis hundirt grosis ledire gibt einen virdunc, das pfert nicht, fürit mans aus, das pfe
lot; das gut nicht; des gastis cleine huett geben nicht, das pfert ein lot; ist do volle ladunge,
us fürit, der gibt halbin teil.

Des gastis thusint schönis werckis, gibt einin halbin virdunc, das pfert czwei scot, wer es us
das pfert ein scot, das gut nicht.

Des gastis thusint smashin, grutshin, lantwerk, hasinbalge, und sin glich, ein lot, das pfert
us czu fürin halbin teil.

Des gastis eine last heringis gibt czwei scot, das pfert ein halbes scot, (wer) us vort di last
scot, das pfert nicht; des gastis vassunge mit lechsin gibt czwei scot, das pfert ein halbes scot. W
shoc us fürit, der gibt ein halbis scoth; des gastis grose vassunge mit hechtin gibt czwei Sco

pfert ein halbis scoth; di weninge vassunge ein scoth, das pfert ein halbis scoth. Wer di grose vassunge us fürit, ein lot, di cleine ein halb lot, di pfert nicht. Sust ezollin andir vish disin glich, in und us. Des gastis gantze stoerr tunne ein lot, us ein halb lot, di halbe halbin teil, di pfert nicht, in unde us; des gastis vassunge busin einin virdunk, das pfert ein lot.

Des gastis reinval vas gibt 8 scoth, di pfert nicht; fürit ein gast einim burger ein vas reinvals, der burger gibt einen halben vierdunk vor die pfert. Wer ein vas reinvals usfürit, der gast gibt nicht, wenne einiu halbin virdunk, des gastis welsh vas gibt einin virdunk; des gastis ostir vas vire scoth, des gastis gubinish vas czwei scoth, eyn burger vrigit eime gaste, der ihn fürit ein vas welshis winis, sine pfert mit czwen scotin, von dem ostir-vasse ein lot, von dem gubinishe ein scoth. Wer diese vas usfürit, der gibt vor die pferde alse vor geschrebin steht. Welch gast brengit lant-win, der gibt nicht, fürit her in us, her shal gebin von den pferdin ein halbis scoth.

Des gastis czenthener bonmoleis gibt in ein halbis scoth, das pfert ein lot; wer das usfürit, das pfert ein scoth, und nicht von dem gute.

Der gast, der ein cromer ist, der shal gebin in dem jarmarkte von einem ganczin crome ein scoth adir ein halb pfunt pfeffirs, der halbe krom halb also vil, der minnir lyt noch gnadin.

Welch gast her fürit fleish, smer, unslit adir dirglich, der gibt von dem pferde ein scoth, von dem gute nicht.

Welch gast brengit wolle us fremdin landin, der gibt von dem pferde ein lot, von der wolle nicht. Wer die wolle us fürit, der gibt von dem pferde ein scoth.

Welch gast her in fürit vlockin us fremdin landin, der gibt von czwei steinin einin pfenniuk, us zu fürin also vil.

Welch gast us der stat fürit ein geczal heringis, der shal gebin einin pfenniuk.

Welch gast her in fürit honik us fremdin landin, der gibt von der mestin czwene pfenninge, von dem pferde ein quart. Wer honik usfürit, so gibt die meste einin pfenniuk, und die pfert nicht.

Welch gast her in brengit salcz von Halle, der shal gebin ein halb lot von dem pferde und ein halb vierteil salcz. Welch gast her brengit salcz von Cracou, der gibt von dem pferde andirthalb virteil salcz und czwene ochsin also vil. Wer aber salcz von hinnin fürit uf gewin, der gibt von dem pferde ein halbis scoth.

Welch gast her in brengit heidenische oder Ungerische ochsin, der shal gebin von (dem) houbete dry pfenninge, und von anderm grossen vie aus fremdin landin getrebin, czwene pfenninge von dem houbete, dornoch von cleinin vye das uslendish kümt, alse swin, shaf, böcke unde czegin iklich houbit einin pfenniuk. Wer abir das vye us tribit uf gewin, der gibt also vil.

Welch gast hi köufit ledir, es si gegerwit adir nicht, fürit her is hin wek, so shal er gebin von dem grosin stucke einin pfenniuk, von czwen cleinin alse vil.

Welch gast her brengit vladir adir bochsboum besundirn adir mit ein andir, der shal gebin von ein scoth ubiral.

Welch gast her brengit horn, der gibt von dem grosin hundirt ein pfenniuk.

Welch gast durch di stat vert mit ganczem Barate in fremde land, der shal gebin einin halbin virdunk, wil her abir in dem lande blibin mit seinem Barate, so gibt her nicht.

Welch gast her brengit einin mölstein, do von gibt her ein quart, und von dem slifstein also vil, und alle andir steine sollen vry seyn.

Welch pferd hopfin czuhit her us fremdin landin, das shal gebin ein scoth ubiral. Wer den hopfin wegfürit, das pfert gibit halb so viel.

Welch gast her in fürit weit us verrin, fremdin landin, der shal gebin von dem pfert ein halbis scoth, adir ander gut das dem glich ist. Welch gast her in brengit etzlich gut, welchir hande das gibt er es bi umb andir war, so shal her die war fry wegfürin.

Ut igitur omnia premissa in perpetuum permaneant illibata, hujusmodi gratiam, quam fidelibus nostris civibus Wratislaviensibus predictis deliberato animo benivole duximus conferendam presentes super eo dedimus nostri robore sigilli publice confirmatas. Universa in lingua materna pr distincte de exactione thelonii nostri Wratislav. preexpressa immutabiliter per presentium seriem c firmantes. Actum Wratislavie anno Domini millesimo, trecentesimo vicesimo septimo, feria tertia Epiphan. Domini Octava. Presentibus fidelibus nostris dominis, Nicolao de Banez, Judice curie nost Jan de Borsnicz et Rogerio de Pretiez, militibus, Alberto de Pak, Hermanno de Borsnicz, Giscone Reste, Joanne de Lubek, consiliariis nostris, Tiezcone de Rideburg, Giscone Kolneri, et domino Ottone Donyn, nostro prothonotario, qui presentia habuit in commisso.

Inhalt.

Berichtigungen.

Seite 6 Zeile 4 v. o. liess: wurde statt: wurden
" 23 " 12 v. o. " Reichkrame statt: Reichskrame
" 24 " 2 v. o. " 1289 statt: 1389
" 32 Anm. 2 Zeile 2 " aut statt: aut
" 40 Zeile 11 v. o. " 1312 statt: 1212
" 44 " 10 v. o. " VI statt: IV
" 51 " 4 v. o. hinter hatte fehlt geschaffen
" 56 Anm. 1 Zeile 3 liess: Polonia statt: Poloniae
" 83 Zeile 3 v. o. liess: dem statt: des
" 90 " 10 v. o. " 1361 statt: 1261
" 90 Anm. 1 Zeile 2 liess: wir statt: ihr
" 92 Zeile 12 v. o. liess: VI statt: IV
" 106 Anm. 2 Zeile 2 liess: die Ruder (Potachen opatinae) zu den Flössen
" 108 Zeile 5 v. o. liess: 1373 statt: 1273.